ANDRÉ LUIZ PEIXINHO

InterVidas

Catanduva, SP
2025

O LIVRO DO ESPIRITISMO

a face eterna do ser

Sumário

Prefácio

QUANDO OS PRIMEIROS *UPANISHADS*[1] FORAM entoados nas florestas da Índia, iniciava-se o alvorecer dos conhecimentos espirituais sobre a face do planeta. Espíritos oriundos de outras esferas desciam sobre a Terra para iluminar o conhecimento humano, sob o comando do Governador Planetário.

Nos seus múltiplos textos religiosos desenhavam-se os conhecimentos imortais, estruturando-se a base do *sanatana dharma*,[2] que percorreria as diversas regiões do

---

1 Os Upanishads são textos sagrados da tradição hindu que representam a síntese filosófica e espiritual dos Vedas, as escrituras sagradas mais antigas do hinduísmo. Exerceram profunda influência sobre o budismo, o jainismo e outras tradições espirituais indianas. Neles se encontram reflexões fundamentais acerca da consciência, da imortalidade da alma e da unidade cósmica. Os Upanishads representam o berço histórico do conhecimento espiritual sistematizado no contexto indiano, oferecendo algumas das primeiras grandes elaborações filosóficas sobre a natureza imortal do Espírito.

2 O sanatana dharma é o nome original e tradicional do que o Ocidente chama de hinduísmo. Refere-se ao conjunto de princípios universais

Oriente, assinalando a chegada no planeta, das verdades que sustentam o Universo.

Fundavam-se ali as bases da **filosofia**, muito antes do surgimento dos gregos, legando à humanidade as leis universais, os primeiros pilares do conhecimento humano, estruturados nos *Vedas*.[3]

No curso dos milênios, tais verdades imorredouras se espalhariam pela Terra, transportadas pelos mesmos mestres, renascidos em outras regiões do planeta, oferecendo esses saberes a outros povos que se mostrassem receptivos.

E, dessa forma, a mesma doutrina alcançou o Egito antigo, enchendo de sabedoria o ambiente dos templos de Amon,[4] derramando conhecimentos multimilenares sobre os sacerdotes egípcios.

Os antigos lidadores dos saberes védicos, agora renascidos na Dádiva do Nilo,[5] refletiam sobre as verdades

---

e atemporais que regem a ordem cósmica, a conduta humana correta, as leis espirituais que sustentam o Universo e o caminho para a realização espiritual.

3 Os Vedas são os textos sagrados mais antigos da tradição hindu, considerados a base de toda a filosofia e espiritualidade indiana. O termo "veda" vem do sânscrito e significa "conhecimento" ou "sabedoria".

4 Os templos de Amon eram grandes complexos religiosos do Egito Antigo, dedicados ao culto do deus Amon (ou Amon-Rá, quando associado ao deus solar Rá), um dos mais importantes e poderosos deuses do panteão egípcio. Mais do que simples lugares de adoração, eles funcionavam como centros religiosos, políticos, econômicos e culturais.

5 "Dádiva do Nilo" é uma expressão poética e histórica para se referir ao Egito Antigo, especialmente à civilização egípcia que floresceu

espirituais e alargavam os conhecimentos decifrando os enigmas do magnetismo e sua relação com o corpo físico, abrindo espaço para o surgimento de uma nova **medicina**, muito antes do advento dos gregos.

Quando, enfim, a Grécia se organizou como repositório de conhecimentos, renasceram em seu seio os antigos lidadores do *dharma*[6] e os conhecedores das verdades transcendentes dos discípulos de Hermes, organizando ali mais uma escola espiritual no planeta. Sob o olhar dos deuses gregos, Hipócrates, Aristóteles e Platão ofereciam seus saberes, ladeados por Tales, Anaximandro, Anaxímenes, Demócrito, Leucipo, Empédocles, soberanamente capitaneados por Sócrates.

Os conhecimentos sobre o renascimento oferecidos no *Rigveda*[7] mesclavam-se à transmigração das almas de Anúbis[8] e à palingenesia[9] de Pitágoras. A lei do *karma*, a vida espiritual, a manifestação dos mortos nos oráculos eram então saber corrente entre os iniciados.

às margens do rio Nilo. A frase foi cunhada pelo historiador grego Heródoto (484–425 a.C.).

6 *Dharma* é a "verdade espiritual fundamental" ou o "ensinamento eterno".

7 *Rigveda* é a mais antiga escritura védica e uma das mais antigas obras religiosas da humanidade, sendo a fonte primordial da tradição espiritual hindu.

8 Anúbis era o deus egípcio dos mortos e da mumificação. Tinha cabeça de chacal (ou cachorro selvagem) e corpo de homem.

9 "Palingenesia": retorno periódico da alma ao mundo.

Todas essas verdades apontavam para a necessidade do Amor como condição essencial para que as almas pudessem alcançar o *nirvana*, os campos elíseos, a salvação, a vida eterna, a libertação definitiva.

Mas foi somente com a vinda de Jesus, o Governador Planetário, que essa vivência do Amor encontrou sua maior expressão. Seus ensinamentos inundaram o planeta de Amor, sem recorrer aos raciocínios complexos de outras doutrinas, pois o Homem tem necessidade de amar!

Tais verdades deambularam pelo mundo, em diversas épocas e entre diversos povos, sendo perseguidas, mas restauradas várias vezes, exatamente por serem verdades universais que, portanto, nunca desaparecerão, até se estabelecerem em definitivo.

Krishna,[10] no *Bhagavad-Gita*[11] afirmaria:

> **Sempre que o mundo declina em virtude e justiça; sempre que imperam o vício e a injustiça, venho Eu, o Senhor, e apareço no meu mundo em forma visível, nascendo e vivendo como homem entre os homens. (canto 4, verso 7)**

---

10 Krishna, no hinduísmo, representa a preservação da ordem cósmica. Em outras palavras, é Deus agindo como mestre e amigo do ser humano, ensinando o caminho certo para viver e evoluir espiritualmente.

11 *Bhagavad-Gita* significa "Cântico do Senhor". É um texto poético-filosófico que faz parte do épico indiano *Mahabharata*. Relata um diálogo sagrado em que Deus ensina ao ser humano como viver com sabedoria, cumprir seu dever e alcançar a paz interior.

E, dentro deste espírito, quando, no século XIX, o ateísmo se levantou sobre o Ocidente, numa tentativa de apagar as verdades espirituais da história, o Senhor convocou novamente seu exército de iniciados para que renascessem sobre o planeta desfraldando a bandeira da imortalidade e do amor, permitindo que os sedentos e frágeis não fossem arrastados pela loucura da descrença.

Antigos lidadores hindus do *sanatana dharma* renasceram para reacender a chama da **filosofia** espiritual. Conhecedores das verdades da **medicina** transcendente egípcia aportaram mais uma vez no planeta. E, por serem detentores desses saberes, não tiveram dificuldades para conjugar as verdades filosóficas com as verdades médicas fundidas nas verdades da **psicologia**.

Tal como asseverara Ian Stevenson,[12] a alma renasce trazendo, muitas vezes, sinais físicos de suas existências passadas. E, por esse motivo, recebemos entre esses sábios André Luiz Peixinho.

Dotado de invulgar sabedoria, transitou com naturalidade entre os saberes dos filósofos, entre as verdades da medicina e as extraordinárias reflexões sobre a psicologia humana, com seus nítidos traços hindus, mesmo sem relação étnica com a Índia.

A naturalidade risonha com que logicava sobre temas complexos revelava a intimidade com tais conceitos, fazendo perceber que já era antigo conhecedor das leis espirituais.

---

12 Ver nota 90.

Ao eleger o espiritismo como sua referência de verdade, dedicou-se ao seu estudo e à sua divulgação, legando-nos textos de extraordinária beleza e profundidade, com o perfume dos imortais.

E, agora, mesmo ao partir, nos lega novos saberes ao nos brindar com esta nova obra, revisada e anotada: ***O livro do espiritismo: a face eterna do ser***, onde passeia por assuntos intrigantes, trazendo luz a temas controversos do espiritismo, oferecendo-nos sua visão lúcida e amorosa, após tantas décadas de reflexões e análise das questões que afligem a mente humana.

Serrinha, no estado da Bahia, teve a honra de servir de berço para essa mente brilhante que poderia ter se chamado Nicômaco.[13]

O Centro Espírita "Deus, Cristo e Caridade" foi sua primeira escola espiritual, e sua energia, leveza e ideais ainda habitam aquele lugar, impregnando-o com sua presença.

Sim, Edinólia, a vibração de André está presente por lá!

Curitiba, 10 de outubro de 2025

JORGE ELARRAT

---

13 Nicômaco, filho de Aristóteles, morreu jovem, em batalha. É lembrado por causa de seu pai, que lhe dedicou uma importante obra: *Ética a Nicômaco*.

Palavras iniciais

AO LONGO DE MEIO SÉCULO EM CONTATO QUAse diário com o movimento espírita – por ter nascido em uma família dedicada a essa doutrina – aprendi, por meio da diversidade de suas manifestações, seus princípios básicos, sua maneira de conhecer, sua natureza complexa e integradora[14] no mundo dos saberes e suas possibilidades de influência sobre a vida cotidiana.

Nesse tempo nada presenciei – no campo do conhecimento e de sua produção – tão fecundo, tão sintético e tão organizador, em que pese o trabalho profissional universitário a que me dedico.

---

14 Como em outras partes desta obra, Peixinho está dialogando com ideias contemporâneas da epistemologia da complexidade, cujo principal expoente é Edgar Morin (pensador francês que completou 104 anos em 2025). A influência conceitual do citado autor revela-se em muitos debates trazidos por Peixinho: referências à superação da fragmentação entre ciência, filosofia e religião; valorização da transdisciplinaridade; abordagem do conhecimento como processo evolutivo e integrado entre razão, intuição, sentimento e experiência.

Sua busca por uma síntese da sabedoria, no auge da fragmentação e dos conflitos entre ciência, filosofia e religião, sua metodologia interexistencial, suas proposições sociomorais, transformaram-no num projeto cultural pioneiro.

É certo que ainda não conseguimos extrair do espiritismo toda sua riqueza e aplicá-la na renovação das instituições humanas. E é fácil identificar alguma explicação para tal limitação: sua proposta envolve grande mudança de mentalidade[15] – uma necessária revolução paradigmática, em que o Espírito[16] e sua evolução são colocados como eixo estruturante da dinâmica da vida e da organização social.

---

15 De passagem, Peixinho utiliza-se do conceito de tempo histórico de Braudel, historiador francês que preconiza: o tempo longo para mudar mentalidades; o tempo médio para preparar as estruturas sociais; e ações pontuais (tempo curto) para fomentar núcleos de conscientização, formação e ação prática. Isso se alinha, em muitos sentidos, às ideias espíritas.

16 Desde já entendamos Espírito como sendo o ser imortal, caracterizado por sua condição interexistencial (múltiplas existências e trânsito entre as dimensões material e espiritual) e sua destinação rumo ao aperfeiçoamento.

E a evolução, para criar novas formas de manifestação, necessita de indivíduos com maturidade suficiente para transcender o marasmo da massa média popular,[17] que tende a se nivelar pelo trivial, pelas respostas padronizadas e pelo crescimento horizontal e vegetativo.

Assim compreendido, o espiritismo – como expressão do evolucionismo do Espírito no Ocidente – necessita de adeptos conscientes de suas possibilidades, simultaneamente capazes de estabelecer um diálogo fértil com a sociedade contemporânea e seus avanços.

Ora, a existência de seguidores demanda tempo, condições sociais e organização. Por isso, torna-se compreensível que a sabedoria espírita ainda guarde um potencial inexplorado, à espera de uma massa crítica de atores sociais capazes de convertê-la em energia renovadora da vida do planeta.

---

17 A ideia aqui expressa, do ponto de vista social, pode se referir ao que Emmanuel tão bem pontua: "E a massa, na maioria das regiões do mundo, prossegue relegada a si própria. A política inferior converte-a em joguete de manobra comum. [...] De época em época, a multidão é sempre objeto de escárnio ou desprezo pelas necessidades espirituais que lhe caracterizam os movimentos e atitudes. Raríssimos são os homens que a ajudam a escalar o monte iluminativo. Pouquíssimos mobilizam recursos no amparo social." (Francisco C. Xavier, Emmanuel, *Vinha de luz*, cap. 17 – "Auxílio eficiente").

No passado, contamos com personalidades ímpares – desbravadores de escol[18] – que constituíram uma plêiade de Espíritos bastante produtivos. Através do estudo profundo da fenomenologia mediúnica, emergiu uma cosmovisão diferenciada. Foram pioneiros que, em larga escala, dedicaram seus talentos pessoais à resolução dos problemas que emergiam dos fatos desafiadores.

Usualmente, atuaram quase sozinhos e isolados, em sua maioria, enfrentando condições socioculturais econômicas adversas. Seus méritos são, portanto, notáveis.

Atualmente, verificamos uma grande rede de ações sociais decorrentes da tentativa de colocar a energia espírita a serviço dos problemas humanos,[19] acompanhada de uma prolífica produção mediúnica.[20]

Em ambos os casos, merecem nossos aplausos todos aqueles que dedicam parte de seu tempo e, expressando abnegado espírito de serviço, constroem movimentos e instituições a serviço do bem comum.

---

18 "Escol": elevado, distinto, notável (este adjetivo, outrora, era de muito agrado).

19 No campo da saúde, os espíritas destacam-se especialmente por empreender ações em favor da saúde mental; exemplo muito expressivo é o Instituto Bairral de Psiquiatria, em Itapira, SP, o maior hospital de sua área na América Latina, criado e mantido por uma fundação espírita.

20 A produção mediúnica dos três mais conhecidos médiuns brasileiros – Chico Xavier, Divaldo Franco e Yvonne Pereira – soma aproximadamente 750 obras, algumas delas de ampla divulgação, como *Nosso Lar*, com mais de 2 milhões de exemplares vendidos.

Este livro é uma homenagem a todos os profitentes de todos os tempos e lugares – dos anônimos aos amplamente conhecidos – que, por meio de sua participação, acrescentaram algo de valioso à saga da evolução do Espírito no âmbito do movimento espírita. Afinal de contas, a história do mundo dos encarnados faz-se com homens e ações. E foram essas ações e esses homens que deram sentido prático aos ensinos do Espírito de Verdade e asseguraram a sobrevivência desses ensinamentos no mundo conturbado dos últimos 150 anos.[21]

Ele nasce quase casualmente: quando passei a escrever artigos espíritas para a imprensa laica, na coluna de religião do jornal local *A Tarde*. Não tinha outra pretensão senão a de ocupar um espaço de divulgação, mesmo considerando minhas limitações para tal tarefa, pois estou mais adaptado ao discurso oral nas atividades didáticas e nas palestras espíritas.

Com o tempo, leitores generosos passaram a tirar cópias e distribuí-las, publicar os artigos em páginas da *internet* e a insistir na ideia de organizar uma publicação. Resisti o quanto pude, por julgar ter cumprido meu papel ao produzi-los.

---

21 Em 2007, quando estas "Palavras iniciais" foram escritas, contavam-se 150 anos desde o lançamento em 18 de abril de 1857, em Paris, de *O livro dos Espíritos*, obra inaugural do espiritismo – também nomeado doutrina espírita.

Porém, quando se iniciaram as comemorações do sesquicentenário[22] de *O livro dos Espíritos* e eu revisitei a *Revista Espírita*,[23] nos seus doze volumes, brotou-me o desejo de homenagear o trabalho hercúleo do codificador Allan Kardec. Selecionei, então, os artigos que poderiam correlacionar-se com as diferentes partes de seu primeiro livro, ajustei alguns tópicos e passei a tarefa para as mãos de companheiros hábeis.

Esta publicação tornou-se possível graças à dedicação da amada companheira de ideais e esposa, Edinólia Peixinho, que inspirou alguns textos, colecionou-os, fez uma primeira revisão, sugeriu modificações e tomou as providências práticas para publicá-lo.

Também foi valiosa a colaboração do nosso confrade Constâncio Fonseca, que, demonstrando extrema disponibilidade, dedicou-se integralmente à revisão definitiva. A ambos, os sinceros agradecimentos do desajeitado escriba que sou.

---

22 "Sesquicentenário": 150 anos.

23 Os doze volumes correspondem aos anos de publicação: 1858 a 1869. Cada volume enfeixa as publicações mensais referentes ao respectivo ano. A revista era escrita e produzida por Allan Kardec e Amélie Boudet – sua esposa, na condição de secretária –, e eventualmente contava com o apoio de um ou outro amigo.

À prestimosa contribuição de Eide Meneses Araújo, publicitária, que criou a arte, editorou e providenciou a publicação gráfica, sou também muito grato.[24]

Eis aí, caro leitor, um pouco da gênese deste texto. Que ele possa expressar a nossa gratidão ao espiritismo e seus profitentes,[25] que iluminaram meu caminho nesta encarnação.

Se alguma destas páginas servir para despertar alguém para uma visão de mundo ampliada, retirar uma pessoa de seus conflitos, ou ainda, inspirar pensamentos de renovação, terá cumprido o seu papel e eu estarei recompensado.

Salvador, 29 de julho de 2007

ANDRÉ LUIZ PEIXINHO

---

24 Peixinho expressa sua gratidão aos colaboradores da edição original do livro, publicado em 2007 sob o título *A face eterna do ser*. A presente edição, revisada e anotada, foi elaborada após a desencarnação de Peixinho, sendo produzida por outros colaboradores, sob a supervisão de Edinólia Peixinho.

25 Pessoa que professa, apoia ou defende uma doutrina ou religião; tem o mesmo sentido de adepto ou seguidor.

Ao longo de meio século, nada presenciei – no campo do conhecimento e de sua produção – tão fecundo, tão sintético e tão organizador quanto o espiritismo.

Sua busca por uma síntese da sabedoria, no auge da fragmentação e dos conflitos entre ciência, filosofia e religião, sua metodologia interexistencial, suas proposições sociomorais, transformaram-no num projeto cultural pioneiro.

A sabedoria espírita ainda guarda um potencial inexplorado, à espera de uma massa crítica de atores sociais capazes de convertê-la em energia renovadora da vida do planeta.

I

INTRODUÇÃO AO ESTUDO DA DOUTRINA ESPÍRITA

Para se designarem coisas novas são precisos termos novos. Assim o exige a clareza da linguagem, para evitar a confusão inerente à variedade de sentido das mesmas palavras. [...] Os adeptos do Espiritismo serão os espíritas ou, se quiserem, os espiritistas.

ALLAN KARDEC
***O livro dos Espíritos*, "Introdução ao estudo da doutrina espírita", seção I**

I

1
O que é o espiritismo

APROVEITAMOS O TÍTULO DE UM PEQUENO LIvro que Allan Kardec escreveu à guisa de esclarecimento,[26] para refletir sobre a compreensão atual do espiritismo.

Usualmente, a doutrina é percebida como uma religião de base racional, e como uma filosofia de vida com muita responsabilidade pessoal de autotransformação, ambas sustentadas por uma gama de fatos comprobatórios.

Cada pessoa ou grupo social interessado costuma se deixar envolver por um dos seus aspectos, a partir de práticas institucionalizadas[27] que incluem preleções, estudos

---

26 A obra *O que é o espiritismo* foi lançada por Kardec em 1859.

27 Muitos antropólogos estudiosos do espiritismo descrevem estas práticas a partir do conceito de rito, destacando a sua regularidade ou repetição; a sua origem, conforme a tradição; o significado simbólico atribuído a cada ação e outros elementos. Isso não implica dizer que os espíritas, em suas práticas espirituais (de religiosidade, inclusive) pratiquem rituais tal como os seguidores de outras religiões institucionalizadas. Não vai nesta observação qualquer desejo de distinção que contenha juízo de valor; não se trata de exaltar o espiritismo e

sistematizados, ações sociais, atividades específicas em mediunidade,[28] terapias fluídicas e orações.

1

Normalmente, de modo assistemático e ao sabor de lideranças constituídas sem qualquer formalismo, dá-se a iniciação espírita.[29] Assim torna-se fácil explicar a enorme diversidade de entendimentos sobre espiritismo. Ele pode ser percebido como uma superstição, um delírio, uma fantasia ou um laboratório de alucinados, como muito frequentemente foi rotulado no passado. Ou ainda, um complexo conhecimento de natureza tríplice, pois possui aspectos científicos, filosóficos e religiosos, abrangendo a sabedoria universal em síntese, fundado num paradigma

---

suas práticas, ditas racionais, mas tão somente mostrar como se estabeleceu o modo de agir dos seus seguidores a partir do que é formulado em seus princípios científicos, filosóficos e éticos (ou religiosos).

28 "Mediunidade": faculdade natural do ser humano que permite a comunicação interixestencial; há várias formas de expressão da mediunidade, contudo ela é comumente associada ao contato de Espíritos desencarnados, realizado por intermediários encarnados, denominados médiuns.

29 Neste sentido, é interessante observar que muitos centros espíritas surgiram, outrora, dos denominados "grupos familiares de espiritismo", verdadeiras casas espíritas que surgiam e eram mantidas em determinado local, na casa de um líder, na zona urbana ou rural (em muitos sítios ou fazendas), onde se reuniam familiares e, depois, amigos, visitantes e mesmo enfermos ou outras pessoas em busca de auxílio e orientação. Isso, hoje, é menos frequente. O que permanece, em grande número, é a prática da "reunião do evangelho no lar", encontro semanal em que pessoas vinculadas por laços de família ou afinidade reúnem-se para conviver, estudar e orar juntos.

integrativo das polaridades matéria e espírito e defensor de um evolucionismo que encadeia os mundos físico, biológico, mental, espiritual e até mesmo transcendente.

Entre os dois polos de entendimento já mencionados, oscilam seus observadores e profitentes. Como, porém, a palavra foi cunhada por Allan Kardec, vale a pena retomar suas ideias sobre o espiritismo e cotejá-las com as interpretações atuais.

Ele afirma, em suas primeiras publicações, que o espiritismo é uma ciência que trata da natureza, origem e destino dos Espíritos, bem como de suas relações com o mundo corporal.[30]

Portanto, claramente, toma posição sobre o tipo de conhecimento que sua experiência inicial valida. Como ciência, possui um objeto de estudo: os Espíritos e o mundo espiritual. E também um método próprio, compatível com esse objeto, como ocorre em qualquer saber científico.

Trata-se de um empreendimento coletivo, que envolve diferentes médiuns e diversas fontes de informação espiritual, em caráter experimental, passado pelo crivo da concordância entre as fontes e pela racionalidade das proposições, estabelecendo-se, assim, como critério, o controle universal do ensino dos Espíritos.

---

30 "[...] a doutrina espírita ou o Espiritismo tem por princípio as relações do mundo material com os Espíritos ou seres do mundo invisível." (Allan Kardec, *O livro dos Espíritos*, FEB, "Introdução ao estudo da doutrina espírita", item I, p. 13.)

Disso decorre a afirmativa de Kardec:

> **A única séria garantia está na concordância que exista entre as revelações espontâneas, feitas por um grande número de médiuns estranhos uns aos outros e em diversas regiões.[31]**

Esse critério foi considerado necessário, porém insuficiente pelo próprio autor. Ele então acrescenta:

> **As comunicações dos Espíritos são opiniões pessoais que não devem ser aceitas cegamente. Eles dizem o que sabem; cabe a nós submeter-lhes os ensinos ao controle da razão.[32]**

E sua postura autodefinida é bastante objetiva, como ele próprio assevera:

> **Trabalho com os Espíritos como trabalho com os homens; são para mim, do mais humilde ao mais graduado, instrumentos do meu aprendizado e não reveladores predestinados.**
>
> **[...] Observar, comparar e julgar, tal é a regra constante que tenho seguido.[33]**

---

31 Allan Kardec, *Revista Espírita: ano sétimo: 1864*, abril, "Autoridade da doutrina espírita".

32 *Idem*, *Revista Espírita: ano décimo segundo: 1869*, abril, "Profissão de fé espírita americana".

33 *Idem*, *Obras póstumas*, segunda parte, "A minha primeira iniciação no espiritismo".

Para caracterizar o aspecto científico do conhecimento espírita, o Codificador[34] lembra que ele se apoia essencialmente em fatos e, por isso, é necessariamente progressivo, como toda ciência empírica. Sua revelação não é estacionária nem imutável.

Desse modo, caminhará ao lado do progresso e se modificará quando houver demonstração de equívoco ou aceitação de novas verdades, mesmo quando descobertas por seus antagonistas.

Fica, portanto, evidente o caráter evolucionário do saber espírita, sua natureza não-dogmática e seu perfil de ciência moderna.

E, assim, já contava entre seus adeptos homens de todas as crenças, que não renunciaram às suas convicções de católicos fervorosos, protestantes de todas as vertentes, israelitas, muçulmanos, budistas e bramanistas, conforme esclarece Kardec.[35]

---

34 Allan Kardec é nomeado "Codificador" porque se ocupou em organizar, sistematizar, analisar e sintetizar o conteúdo que obteve por meio da comunicação com os Espíritos, consolidando esse trabalho no espiritismo – corpo de conhecimentos estruturados apresentado nas publicações de Kardec, conhecidas em seu conjunto como "codificação espírita".

35 Muitos espíritas estabelecem pontos e pontes de convivência entre o espiritismo e outras religiões (o catolicismo e a umbanda, principalmente), além daqueles que trabalham juntos de seguidores de outras doutrinas em ações ecumênicas.

Por ser uma ciência, a doutrina espírita passou por uma série de aperfeiçoamentos e reestruturou alguns pontos – como se pode constatar através da comparação entre as primeiras edições de *O livro dos Espíritos*.[36]

A visão de Kardec sobre o espiritismo também foi ampliada, pois que ele afirma, no decorrer de suas investigações: "Há duas coisas no Espiritismo – a parte experimental das manifestações e a doutrina filosófica".[37] E acrescenta que esse saber "é, em si mesmo, uma ciência, uma filosofia."[38] Mas essa outra parte fica para um outro momento.

---

36 A segunda edição de *O livro dos Espíritos*, de Allan Kardec, foi publicada em 1860. Essa edição revisou e ampliou a primeira edição, lançada em 1857. Além da reorganização da obra em quatro partes temáticas, passou de 501 para 1.019 questões, resultado de novos diálogos com os Espíritos e do amadurecimento metodológico de Kardec.

37 Allan Kardec, *O que é o espiritismo*, cap. I – "Pequena conferência espírita", "Segundo diálogo – o cético", "Elementos de convicção".

38 Idem, *O livro dos médiuns*, primeira parte – "Noções preliminares", cap. II – "Do maravilhoso e do sobrenatural", item 13.

2
O espiritismo é filosofia

NA ATUALIDADE, OS AMANTES DA SABEDORIA da velha Grécia, os filósofos, dispõem de um campo mais delimitado para seus estudos. Muitos objetos de análise filosófica se constituíram como campos próprios de investigação e metodologias específicas, tornando-se conhecidos como ciências. Persistem, no entanto, perguntas fundamentais para a existência e a realização humana, que continuam a desafiar nossas melhores competências e que configuram o espaço atual de atuação da filosofia.

Assim, ela persiste investigando – para além das causas imediatas, como fazem as ciências físicas –, e com métodos próprios, a natureza da vida, o significado da trajetória humana, a conduta individual e social, a origem e finalidade do cosmo, o modo como conhecemos, os valores e a validade dos demais conhecimentos.

Evidentemente, num mundo complexo de conhecimentos, a filosofia não poderia atuar isolada das demais formas de saber. Aproveita-se da experiência de suas filhas diletas – as ciências – para remontar a questões fundamentais, de origem e de teleologia,[39] de profundidade e de causalidade, para citar alguns exemplos. Dessa forma, ela se organiza em disciplinas como a metafísica, a ontologia, a teoria dos valores, a gnosiologia, a epistemologia, a filosofia da arte, da religião, da ciência, entre outras.

Ao estudarmos o espiritismo, aprendemos, através de seus textos originais, que ele possui um aspecto filosófico e oferece respostas *sui generis* aos grandes problemas suscitados pelas indagações decorrentes desse aspecto. Respondendo à questão essencial ontológica do ser, o espiritismo assevera que existe um princípio inteligente do Universo, criado por Deus, que se individualiza ao longo da evolução, dando origem aos Espíritos.

Quanto ao destino, o espiritismo informa-nos sobre nossa natureza imortal, insuscetível à degradação material, que toma consciência de sua condição de criação divina e evolui até realizar-se plenamente como Espírito puro. E faz essa trajetória evolutiva, intelectualizando a matéria e participando da construção cósmica.

No que concerne ao velho dilema entre livre-arbítrio e determinismo, explica que ambos coexistem em proporções distintas, conforme o estágio de evolução: nos estágios primeiros, sob o domínio da matéria, o determinismo

39 "Teleologia": estudo filosófico dos fins, isto é, dos propósitos, objetivos ou finalidades.

tende a ser absoluto, mas perde importância à medida que o Espírito evolui através dela e adquire mais consciência de si mesmo.

A liberdade amplia-se progressivamente, gerando maior responsabilidade, até ser superada por uma relação de submissão à perfeita vontade divina.

O espiritismo enxerga o materialismo como um modelo reducionista da realidade, capaz de conduzir o ser humano a condutas egoístas ou sem sentido, consumistas e imediatistas, já que tudo perece com a morte. Também demonstra que os espiritualismos necessitam de uma reciclagem, pois, ao se polarizarem no aspecto espiritual, negaram o mundo como valor e não assentaram suas verdades em demonstrações experimentais consistentes.

Desse entendimento, conclui-se que a proposta espírita se configura claramente num projeto de superação dialética desses problemas. Mostra que matéria e espírito são dois elementos gerais do Universo, aspectos de uma mesma realidade substancial, que se encadeiam num processo de complexificação e acréscimo de consciência – ora com predominância do mundo físico, ora com supremacia do mundo espiritual.

Demonstra que somos seres partícipes de dois mundos, numa condição interexistencial,[40] sustentada pelos

---

40 O adjetivo "interexistencial", pouco usual, tem significado muito profundo, buscando mostrar que: somos seres imortais; transitamos entre as diversas existências, seja no mundo físico, seja no mundo espiritual; já existíamos antes de vir para esta casa planetária;

experimentos mediúnicos da ciência espírita. Participamos de um ciclo de aproveitamento da realidade material e da espiritual, por meio do fenômeno da imersão do Espírito no mundo corpóreo – chamado encarnação – e de sua saída, ou desencarnação.

Assim, embora sejamos uma consciência individualizada humana, participamos de diversas experiências corporais, à semelhança de atores que desempenham vários papéis ao longo dos atos teatrais. Ressalta, porém, que a vida original é a do espírito, e o mundo físico é apenas o mundo fenomênico onde se aprimora sua manifestação.

Tudo isso é governado por leis perfeitas, que se adequam, em termos de aplicação, ao existir evolutivo e asseguram a cada um seus direitos e sua contrapartida de responsabilidade.

Em termos de valores fundamentais, o espiritismo resgata a ética cristã do amor benevolente, sob a forma de caridade para com todos – tanto material como espiritual –,[41] com valoração mais acentuada para esta última.

---

experimentamos, atualmente, uma nova existência; continuaremos a existir depois deste ciclo de vivência carnal; em cada episódio existencial adotamos algumas características peculiares, próprias às situações em que se dá a reencarnação, mantendo-nos em essência os mesmos.

41 A insuficiência de nossa linguagem pode limitar nossa compreensão sobre a complexidade de tudo quanto nos propomos a estudar. Os adjetivos "material" e "espiritual", por exemplo, são utilizados em diversos contextos, exigindo-nos atenção para compreender seu significado. "Material" não se refere somente a objetos ou situações

Também explica a pobreza espiritual de se agir por preconceitos de qualquer natureza e cria um esboço de índice de desenvolvimento social baseado na tolerância, na fraternidade e na liberdade. Aprimora a noção de Deus em seus estudos teológicos, retirando suas características antropomórficas e demonstrando que Ele é a causa suprema da existência do cosmo e do ser. Seus atributos só podem ser decorrentes de Sua própria condição natural de perfeição e tudo o que dissermos sobre Ele sempre será limitado, pois ainda não possuímos os sentidos adequados para uma percepção plena.

Assim, neste sumário, pretendemos demonstrar que, ao chamar o espiritismo de filosofia, Allan Kardec tinha clara consciência de seu potencial em solucionar os velhos dilemas filosóficos e fecundar a civilização com respostas capazes de conduzi-la a um estágio evolutivo mais elevado.

Será que o espiritismo também é uma religião, como é mais conhecido no Brasil? Essa é uma pergunta filosófica que merecerá atenção mais aprofundada a seguir.

---

do mundo físico, do mesmo modo que "espiritual" pode referir-se a questões de natureza emocional, psicológica, simbólica ou ainda transcendente (que remete à dimensão extrafísica).

3
O espiritismo é religião

A QUESTÃO SOBRE O ASPECTO RELIGIOSO DO espiritismo sempre esteve presente em seus escritos. O próprio Allan Kardec tratou de esclarecê-la em seu tempo, mas, aparentemente, seus textos não foram lidos de forma a constituir consenso. Embora o movimento espírita admita majoritariamente tal aspecto, e a sociedade o consagre como sua verdadeira face, há grupos espíritas que preferem situá-lo como influenciador da moral e dos costumes.

Entendemos que tais divergências de pensamento refletem a falta de percepção da natureza polissêmica da palavra "religião", que, segundo Ken Wilber, foi aplicada indistintamente a diferentes manifestações psicossociais do ser humano.

A religião pode ser entendida como sinônimo de envolvimento não racional, o que lhe confere uma natureza diferenciada da ciência e da filosofia, tratando de aspectos da existência como a fé e a transcendência. Para os positivistas isso significa que ela não constitui uma cognição real, embora seja emocionalmente significativa.

A religião também pode ser considerada um projeto de imortalidade. Para alguns, trata-se de uma compensação psicológica, criada para aliviar a angústia existencial diante da finitude. Entretanto, também pode ser vista como o conhecimento de uma dimensão real, acessada através de instrumentos ainda não universalizados, tais como o olho da contemplação, a experiência numinosa,[42] a mediunidade e a ultrafania.[43]

Outra maneira de encarar a religião é como crescimento evolucionário, isto é, ela é quem impulsiona a história e a evolução, pois promove a superação da alienação da condição essencial do ser. Assim, volta-se do Espírito para o Espírito, como admitiam Hegel e Sri Aurobindo.

---

42 "Numinosa": um tipo de vivência espiritual, emocional ou psicológica intensa. O vocábulo foi popularizado pelo teólogo e filósofo Rudolf Otto (1869–1937) em sua obra *O sagrado* (1917). "Numinoso" provém de *numen*, que em latim significa presença ou vontade divina. Otto descrevia o numinoso como o aspecto misterioso, atraente e fascinante do que consideramos ou vivenciamos como sagrado.

43 A "ultrafania", conforme Pietro Ubaldi (filósofo italiano, autor de *A grande síntese*), é um estado de consciência que transcende ao ego e permite experimentar a unidade com o Todo, com Deus. Seria uma forma de percepção direta e intuitiva de uma realidade superior, algo próprio aos grandes místicos e profetas. Por comparação, esse estado de alma ou consciência não seria propriamente de natureza mediúnica (comunicação de um Espírito), mas anímica (conquista daqueles capazes de buscar, diretamente, a revelação ou a comunhão com o Alto, com o sagrado).

O ímpeto religioso está orientado para o encontro de estruturas mais elevadas que permitam, em última análise, a adaptação da percepção de Deus.

Pode também ser vista como manifestação da psique arcaica – pré-racional, mítica ou mágica –, refletindo, portanto, uma fixação nos padrões primitivos da mente. Sob esse ângulo, configura-se como uma manifestação típica dos primórdios da civilização, ainda no estágio infantil.

De outro modo, pode definir-se a religião como exotérica, quando nos fixamos em aspectos preparatórios, externos – e mesmo inferiores e muito populares – que asseguram identidade a um grupo social. Sua outra face é o esotérico, iniciático, que busca o sentido de transcendência através de experiências culminantes.

Com essa variedade de significados aqui resumida, poderemos encontrar grupos tão distintos como as tradicionais formas de religião – de um lado, centradas na revelação de um ser superior, como o judaísmo, o islamismo, o cristianismo ou o budismo – e, no extremo oposto, o cientificismo, o comunismo e o nacionalismo, que Arnold Toynbee classificou como "religiões seculares".

Na época de Kardec, o termo "religião" estava negativamente associado a atitudes pré-racionais, representações psíquicas arcaicas, infância da humanidade, entrave ao progresso científico e perseguição aos hereges. Entende-se, assim, o seu cuidado em definir o que é religião, em plena fase de declínio do saber religioso e de crescente supremacia da razão.

Podemos afirmar que o aspecto religioso do espiritismo se enquadra perfeitamente na concepção de religião dinâmica de Henri Bergson, como manifestação evolucionária do Espírito em direção à plenitude ou ao encontro de Deus. Também é um projeto de vivência imortal e de libertação da ignorância sobre si mesmo, que permite perceber-se como manifestação da criação divina.

Por isso mesmo, ela é íntima e consciencial. Sua prática legítima é o esforço para evoluir, muito difundido como reforma íntima.

As manifestações exotéricas não representam significado profundo da religião e tornam-se inteiramente dispensáveis quando se percebe o essencial. Daí decorre o esforço para manter o movimento espírita livre de rituais, fórmulas sacramentais e quejandos.[44]

Também o espiritismo pode ser considerado religioso, por ter sido estruturado a partir de revelações transcendentais. Tais revelações possuem um caráter muito peculiar, pois foram simultaneamente difundidas em diversas partes do mundo, através do fenômeno mediúnico.

Diferentemente de outras religiões que nasceram da experiência de um único homem, o espiritismo se constituiu por meio de consensos revelados por uma plêiade

---

44 "Quejandos": adjetivo que se refere a coisas semelhantes ou a outras coisas mais que podem ser citadas.

de entidades espirituais que desvelaram novas realidades. Assim, a doutrina espírita torna o espiritual mais acessível à população, quando comparado a outras tradições religiosas.

Mesmo considerando a fé como uma ferramenta essencial para a realização do Espírito, Kardec teve o cuidado de preservar a religião dos excessos e das patologias dos crentes.[45]

Ele introduziu, na seleção dos conhecimentos revelados, um identificador provisório de qualidade: a razão. Assim, a fé e seus conteúdos revelados só serão validados por concordância universal dos Espíritos e pela coerência com a razão.

Por isso, a concepção espírita de religião é progressiva, não dogmática, passível de modificação com o tempo – pois conhecimentos de alto nível poderão ficar à espera do desenvolvimento da razão para serem aceitos em nome da prudência.

45 Podem ser citados como excessos ou patologias: o misticismo, o fanatismo, o apego literalista, além da crença cega, a superstição, o "milagrismo", o dogmatismo, o moralismo punitivista.

4
O aspecto científico do conhecimento espírita

UM SABER É RECONHECIDO COMO CIENTÍFICO quando preenche pelo menos alguns critérios fundamentais, entre os quais destacamos a caracterização de um objeto de estudo e a definição de um método de investigação.

Por exemplo, a química, ao adquirir sua identidade científica, delimitou como campo de investigação os elementos constitutivos da matéria e suas transformações. Seu método de estudo é predominantemente experimental.

De modo semelhante, o espiritismo constituiu-se como ciência, ao definir como objeto de estudo o Espírito – ou princípio inteligente –, substrato do universo espiritual. Essa escolha do objeto de estudo subentende a necessidade de investigar a existência do Espírito, suas interações com o mundo físico, suas vivências após a morte corporal, seu retorno à vida física e suas transformações evolutivas, para ressaltar alguns dos aspectos mais relevantes.

A natureza complexa do objeto de estudo da ciência espírita exigiu a formulação de um método de investigação experimental adaptado tanto à natureza do objeto inteligente e dotado de vontade própria, como às questões em estudo. No início da história do espiritismo, predominou a experimentação mediúnica, bem descrita por Allan Kardec em *O livro dos médiuns* e por Léon Denis em *No invisível*.

Com base nesse modelo de investigação e suas adaptações, foi possível realizar uma produção de conhecimento rigorosa, objetiva e sistemática, testando hipóteses e construindo leis e teorias a partir da repetição de experimentos. Como acontece em qualquer ciência, essa produção esteve em constante reformulação, à medida que os fatos não se enquadravam nas explicações vigentes, até constituir um corpo de princípios ou leis que valessem para todos os casos da mesma espécie, que viessem a ocorrer nas mesmas condições.

Ao longo do tempo, diversas peculiaridades do objeto e dos instrumentos de estudo foram identificadas. Em primeiro lugar, destaca-se que, por se tratar de um ser inteligente, o Espírito não se submete aos desejos do pesquisador, impossibilitando a repetição dos experimentos a qualquer momento.

E como eles se encontram em diferentes graus de evolução – como constatou preliminarmente Allan Kardec –, suas informações podem ser contraditórias ou revelar diferentes graus de conhecimento, exigindo do pesquisador discernimento, bom senso e análise comparativa de informações, com estratégias que separem o joio do trigo.

Além disso, as principais investigações espíritas iniciais concentraram-se na comunicação mediúnica inteligente, exigindo a participação de médiuns e, consequentemente, necessitando de cuidados redobrados para suprimir a influência do inconsciente.

A comunicação mediúnica, no entanto, possibilitou o contato com estudiosos desencarnados, originando uma parceria interexistencial que permitiu a obtenção de valiosas informações sobre questões de interesse em todos os ramos do conhecimento científico.

Como destaques, citamos os livros: *Mecanismos da mediunidade*, que introduz conceitos da física moderna no estudo da comunicação mediúnica; *Evolução em dois mundos*, que apresenta os ascendentes espirituais da evolução biológica; e *A caminho da luz*,[46] uma contribuição ao estudo das influências espirituais na história universal.

---

46 As citadas obras são todas da lavra mediúnica de Francisco C. Xavier: *Mecanismos da mediunidade* e *Evolução em dois mundos* são de autoria do Espírito André Luiz; *A caminho da luz* é de autoria do Espírito Emmanuel.

Novos horizontes abriram-se para a pesquisa espírita com a introdução das técnicas de regressão de memória e transcomunicação instrumental.[47] A primeira delas, devemos ao pioneirismo de Albert de Rochas[48] e, no Brasil, aos trabalhos de Hermínio de Miranda,[49] posteriormente incorporada ao arsenal terapêutico da psicologia transpessoal.[50]

---

47 Utilização de equipamentos elétricos ou eletrônicos – gravadores, televisores, computadores, celulares – na captação de mensagens mediúnicas.

48 Eugène Auguste Albert de Rochas d'Aiglun (1837–1914) foi engenheiro militar e historiador. Estudioso e pesquisador dos fenômenos espíritas, deixou dezenas de livros e artigos científicos. *As vidas sucessivas*, que aborda a reencarnação e a regressão de memória, é a sua obra mais conhecida e estudada.

49 Hermínio Corrêa de Miranda (1920–2013) foi pesquisador e escritor de grande vulto no movimento espírita, tendo publicado mais de 40 livros. Como estudioso da mediunidade, é autor de dois clássicos: *Diálogo com as sombras* e *Diversidade dos carismas*, além de obras que tratam de regressão de memória, múltiplas personalidades, autismo, entre outros temas.

50 Trata-se de uma abordagem psicológica que estuda os estados de consciência ampliados e os aspectos espirituais da experiência humana. Considerada por muitos estudiosos como uma vertente da psicologia humanista, a psicologia transpessoal não é oficialmente reconhecida como uma abordagem independente pelos principais conselhos de psicologia no Brasil (como o CFP) ou internacionalmente (como a APA – American Psychological Association). É vista como importante campo de pesquisa e prática complementar, especialmente em contextos terapêuticos, educacionais e de desenvolvimento pessoal.

A segunda, em franco desenvolvimento na Europa e no Brasil, é usualmente utilizada por não espíritas. Deve se destacar também as pesquisas sobre lembranças de vidas passadas, rotuladas no mundo acadêmico como memória extracerebral, tendo na figura de Hernani Andrade[51] o nosso maior expoente.

No atual momento histórico, torna-se fundamental a reunião de pesquisadores para dar continuidade à investigação científica, atingindo áreas pouco exploradas como o transformismo evolutivo e as influências espirituais em saúde, educação, artes, política e outras esferas da vida humana.

Tal empreendimento exige a aplicação de recursos humanos e financeiros, bem como a estruturação de espaços apropriados para pesquisa, a fim de manter em equilíbrio bem-sucedido o aspecto tríplice do conhecimento espírita: ciência, filosofia e religião.

---

51 Hernani Guimarães Andrade (1913–2003) foi um engenheiro e estudioso espírita brasileiro. Realizou expressivo trabalho nas áreas da parapsicologia, da psicobiofísica e da transcomunicação instrumental. Desenvolveu a teoria do modelo organizador biológico. É autor de *Reencarnação no Brasil*, dentre outras dezenas de obras.

5
Os "ancestrais" espíritas

AQUELES QUE ACREDITAM QUE O ESPIRITISMO veio trazer grandes novidades sobre o conhecimento da alma, à luz da sabedoria universal, estão equivocados quanto à compreensão da evolução planetária, conforme entendemos, a partir do ensino dos Espíritos. A descida dos ideais e das revelações para o mundo da experiência e da sociedade é progressiva.

As verdades, inicialmente, aparecem veladas, apresentadas em círculos de pensamento restritos, por Espíritos missionários. Naturalmente, quando tornadas públicas, são combatidas, questionadas e às vezes eliminadas do seu tempo.

Acontece, porém, que a história humana se entrelaça com as migrações interexistenciais, mediante o fenômeno da reencarnação, permitindo que Espíritos pensadores retornem ao mundo físico e relancem antigas ideias sob novos contextos históricos.

Essa é uma das razões que justificam a existência de precursores do espiritismo. Entre eles, destacam-se, na antiga Grécia, os filósofos Sócrates e Platão, objetos de estudo comparativo realizado por Allan Kardec e publicado na introdução de *O Evangelho segundo o espiritismo*, de onde extraímos alguns exemplos de identidade de pensamento:

> **O homem é uma alma encarnada. Antes de sua encarnação existia unida aos tipos primordiais, às ideias do verdadeiro, do bem e do belo. Separa-se deles encarnando e recordando o seu passado, e é mais ou menos atormentada pelo desejo de voltar a ele.**[52]

Assim, torna-se explícita a distinção e a independência entre o espírito humano e o mundo material, sua anterioridade à fecundação, e a intuição de seu futuro através do retorno a um outro mundo. Esses ensinamentos são compartilhados com a doutrina espírita.

> **Após a nossa morte, o gênio (gr. *daimon*) que nos fora designado durante a vida leva-nos a um lugar onde se reúnem todos os que têm de ser conduzidos ao Hades para serem julgados [...] e depois são reconduzidos a esta vida em múltiplos e longos períodos.**[53]

---

52 Allan Kardec, *O Evangelho segundo o espiritismo*, introdução, "IV – Sócrates e Platão, precursores da ideia cristã e do Espiritismo", item I.

53 *Idem, ibidem*, item V.

Nesse trecho, está sumariamente exposta a atuação dos Espíritos orientadores, a avaliação da encarnação e seus desdobramentos futuros, os quais, na atualidade, são minuciosamente descritos nas obras mediúnicas.

> **O corpo conserva bem impressos os vestígios dos cuidados de que foi objeto e dos acidentes que sofreu. Dá-se o mesmo com a alma: quando despida do corpo, ela guarda, de forma evidente, os traços do seu caráter, de suas afeições e as marcas que lhe deixaram todos os atos de sua vida. Assim, a maior desgraça que pode acontecer ao homem é ir para o outro mundo com a alma carregada de crimes. [...] mais vale receber do que cometer uma injustiça e acima de tudo, devemos cuidar, não de parecer, mas de ser um homem de bem.**[54]

> **A alma impura, nesse estado, encontra-se oprimida e vê-se de novo arrastada para o mundo visível, pelo horror do que é invisível e imaterial. Vaga então, diz-se, em torno dos monumentos e dos túmulos, junto aos quais já se têm visto tenebrosos fantasmas, os quais devem ser as imagens das almas que deixaram o corpo sem estarem ainda inteiramente puras, que ainda conservam alguma coisa da forma material.**[55]

54 *Idem, ibidem*, item X.

55 *Idem, ibidem*, item IX.

Esses ensinamentos, hoje, estão confirmados pelas descrições da vida de inúmeros Espíritos comunicantes,[56] através de depoimentos mediúnicos que evidenciam a correlação entre a vida física e a vida espiritual, em consonância com a lei de causa e efeito.

Embora o inferno não tenha sido encontrado, os sofrimentos além-túmulo são reais para aqueles que apresentam uma consciência culpada e que terminam voltando para os ambientes que eram familiares na vida corpórea; alguns se conservam prisioneiros dos fatos finais de sua encarnação e podem ser observados próximos aos entes afetivos, confusos, ainda sem se darem conta da nova situação.

> **Os demônios ocupam o espaço que separa o céu da Terra; constituem o laço que une o Grande Todo a si mesmo. Não entrando nunca a divindade em comunicação direta com o homem, é por intermédio dos demônios que os deuses entram em comércio e se entretêm com ele, quer durante a vigília, quer durante o sono.**[57]

---

56 Houve, além do espiritismo, outras vertentes do que podemos denominar de espiritualismo moderno. Hermínio Correia de Miranda, em suas publicações, trouxe-nos ricas informações acerca de médiuns e comunicações ocorridas principalmente na Inglaterra e nos Estados Unidos à mesma época de Kardec e Léon Denis. Essas comunicações muito se assemelham às obtidas, posteriormente, por médiuns brasileiros.

57 Allan Kardec, *O Evangelho segundo o espiritismo*, introdução, "IV – Sócrates e Platão, precursores da ideia cristã e do Espiritismo", item VI.

Na época socrática, a palavra "demônio" designava todos os Espíritos, bons ou maus; alguns deles, mais evoluídos, eram categorizados como deuses. O espiritismo afirma que os Espíritos são o elo entre Deus e o homem, atuando como intermediários na comunicação entre ambos. Tanto na vigília quanto no sono, podemos ser influenciados por eles, o que ocorre com frequência elevada.

Esses fragmentos de pensamento demonstram, quando comparados com o saber espírita, que a revelação divina é progressiva e acompanha o avanço moral da Humanidade.

Duas conclusões podem ser extraídas ao recordarmos os ancestrais espíritas: eles anteciparam, em mais de dois milênios, os ensinos espirituais, demonstrando seu elevado nível evolutivo. Apesar disso, a civilização pouco avançou nesse campo do conhecimento e nas práticas morais por eles preconizadas;[58] portanto, não é de se estranhar a existência de tantas dores e violências no planeta, decorrentes da ignorância em relação à origem e ao destino do ser.

---

58 Muitos pensadores espíritas lamentam que, a despeito dos conhecimentos trazidos por Sócrates e Platão, tudo foi tomado como "mera especulação" ou "discussão metafísica", distanciando-nos de verdades simples. Sabe-se, hoje, da importância de compreendermos nossa condição de Espíritos imortais e todas as implicações que isso nos traz. Hermínio Correia de Miranda tantas vezes lamentou essa nossa cegueira, verdadeira barreira mental a se enfrentar nos próximos séculos...

6
Autoridade da doutrina espírita

POR FALTA DE DIFUSÃO DO MÉTODO ESPÍRITA de validação do conhecimento, muitos imaginam que Allan Kardec foi o criador de uma religião moldada às necessidades da Europa racionalista do século XIX. Pensar dessa forma constitui uma distorção da proposta espírita sobre a produção do saber.

Num texto publicado no livro *O Evangelho segundo o espiritismo*, intitulado "Autoridade da doutrina espírita", são explicitados os parâmetros adotados para assegurar a qualidade do conhecimento espírita.

Inicialmente, ele adverte que, se fosse o espiritismo uma concepção puramente humana e centrada numa única pessoa, estaria condicionado ao brilho de uma inteligência pessoal que, por mais notável que fosse, não se poderia arvorar em detentora da verdade.

Do mesmo modo, não teria grande valia o resultado das manifestações dos Espíritos a um só homem, pois teríamos que nos colocar em posição de submissão a essa revelação, e sua credibilidade seria uma questão dogmática.

O pensamento espírita nasceu em melhores condições de validação que nas situações mencionadas, pois foi edificado por vários Espíritos, através de diferentes médiuns, desconhecidos entre si, situados em diferentes partes do mundo, sem conferir privilégio a qualquer pessoa ou grupo, que construíram os fundamentos do espiritismo.

Desse modo, estabelece-se um dos parâmetros para o reconhecimento do valor de um saber: o caráter universal do ensino dos Espíritos. Tal ensino não possui nacionalidade, não se restringe a uma classe social, não parte de um culto previamente existente e pode ser investigado por qualquer pessoa séria que se disponha a trabalhar com médiuns e relacionar-se com os Espíritos.

Por outro lado, sabe-se que os Espíritos, em função de suas diferenças evolutivas, longe estão de apresentarem as mesmas informações. Nem todos conseguem penetrar em certos campos do saber, o que se lhes afigura um mistério. Entre eles, encontram-se ignorantes, presunçosos, mistificadores, além dos evoluídos, que já estão completamente desmaterializados e encontram-se despidos de ideias e preconceitos terrenos.

Isso é suficiente para não atribuirmos valor de verdade a uma revelação, enquanto ela não passar pelo critério da universalidade e por um segundo crivo: o da razão.

Diz Allan Kardec:

> **Toda teoria em manifesta contradição com o bom senso, com uma lógica rigorosa e com os dados positivos já adquiridos deve ser rejeitada, por mais respeitado que seja o nome que traga como assinatura.[59]**

Desse modo fica explícito o rigor metodológico do codificador do espiritismo, e complementa:

> **Uma só garantia séria existe para o ensino dos Espíritos: a concordância que haja entre as revelações que eles façam espontaneamente, servindo-se de grande número de médiuns estranhos uns aos outros e em vários lugares.[60]**

Essas afirmativas são resultantes da experiência vivida. Mais de mil núcleos mediúnicos, espalhados pelo mundo, participaram da produção dos primeiros livros espíritas publicados por Allan Kardec, que, na posição bastante trabalhosa de organizador, identificava a concordância dos informes e os analisava, com seu grupo de correligionários,[61] utilizando-se do bom senso vigente.

---

59 Allan Kardec, *O Evangelho segundo o espiritismo*, introdução, "II. Autoridade da doutrina espírita".

60 *Idem, ibidem.*

61 É importante lembrarmos que Kardec convivia, semanalmente, com companheiros da Sociedade Espírita de Paris, de outras cidades francesas e de países diversos. O seu trabalho contou com o contributo direto e indireto de muitas pessoas – próximas ou distantes geograficamente –, contando-se entre elas os milhares de leitores da *Revista Espírita*.

É evidente que o estabelecimento de princípios ou verdades demandava certo tempo. Por isso, Kardec se utilizou da *Revista Espírita* para discutir novidades e divergências de pensamentos dos Espíritos, estimulando novas investigações. Desse modelo, resulta a apologia ao *controle universal do ensino dos Espíritos*, conforme ele defende.

O princípio da concordância, diz o mestre lionês, é também uma garantia contra as alterações que grupos ou seitas pretendessem fazer nos princípios espíritas. Dele, também decorre uma atitude prudente em relação às publicações – só as realizar quando já houver consensos estabelecidos ou ainda sob a forma de opinião e não de verdade.

Poderia ocorrer, no curso dos anos, que uma verdade inicialmente rejeitada por contrariar o bom senso fosse vista em nova perspectiva, pois a razão e o bom senso são históricos. Além disso, novos problemas apareceram para a humanidade, merecendo explicações dos Espíritos. Prevendo a necessidade de atualização,[62] o Codificador esboçou um plano de revisão espírita, em congressos, pois aprendeu com os Espíritos que a revelação é progressiva.

---

62 A atualização do pensamento espírita, fruto do trabalho sério de encarnados e desencarnados, tem sido realizada desde então. Isso se manifesta, na prática, em como debatemos, progressivamente, os temas abordados na codificação espírita. Não há divergência de fundo mesmo quando abolimos alguns termos (utilizados conforme a linguagem, o conhecimento próprio à época) e os substituímos por outros – "pecado" por erro ou equívoco; "culpa" por responsabilidade...

Passados cento e cinquenta anos do lançamento de *O livro dos Espíritos*, multiplicam-se as publicações oriundas do mundo espiritual, particularmente no Brasil – ao mesmo tempo em que os problemas humanos ganharam uma complexidade inusitada.

Cremos, também, que as conexões entre a consciência humana e o mundo dos Espíritos ampliaram-se. Não será, portanto, prudente, oportuno e legítimo trazermos à prática do movimento espírita o método de validação mencionado?

São tantos os informes espirituais atualmente publicados – sem se considerar os parâmetros da pesquisa já citados e os novos questionamentos da civilização – que acreditamos ser necessário retomar a experiência do diálogo mediúnico em estudos multicêntricos de pesquisa.[63]

Estaremos, dessa forma, homenageando um pioneiro que, aparentemente, encontrou poucos seguidores para o seu método de investigação.

63 O certo é que, em algum momento futuro, cessado o caráter emergencial que as reuniões mediúnicas adquiriram, em face do sofrimento de encarnados e desencarnados, hão de ser retomadas as atividades de natureza investigatória. Do mesmo modo, é possível que surjam competentes e preparados estudiosos, dentro e fora do movimento espírita, aptos a compilar grandes massas de informação mediúnica, condição mínima para os debates em torno do enriquecimento dos pontos doutrinários estáveis e reconhecidamente estabelecidos.

7
Ciência e fé

DESDE A ÉPOCA EM QUE OS GREGOS ESTRUTUraram a filosofia, uma pergunta repete-se periodicamente: como conhecemos? Sua resposta valida o instrumento de descoberta da verdade e de descrição do mundo.

A primeira resposta, de cunho naturalista, afirma que conhecemos por meio dos sentidos. A natureza do conhecimento é essencialmente sensorial, partindo do pressuposto de que há um mundo real, e que a verdade é a adequação do pensamento a essa realidade percebida sensorialmente.

A segunda resposta baseia-se na constatação de que os sentidos são profundamente enganadores. Há algo no ser humano capaz de conhecer melhor, com mais abrangência e mais segurança: a razão ou mente racional analítica.

O conhecimento é produzido pela mente, que seleciona, organiza e dá significado às impressões sensoriais. A própria estrutura da mente determina o que pode ser percebido. A realidade em si mesma não pode ser alcançada, pois o possível é a realidade conhecida por uma mente que funciona como moduladora do conhecimento.

A terceira resposta nasce da crítica ao método racional analítico. Reconhecem-se as limitações da razão, sua impossibilidade de tratar adequadamente de assuntos como infinito, eternidade, absoluto, por ser ela parte de tudo isso, e verifica-se que grandes avanços do conhecimento se deram através de pessoas que afirmaram chegar até eles por uma via não racional: a intuição.

Ela é sintética, não fragmentária; decorre da percepção da totalidade, e é uma vivência sem pensamento, ou estado consciencial diferenciado. Caracteristicamente, surge em pessoas que estão maturando uma solução para um problema desafiador, trazendo algo de profundamente inovador.

A quarta resposta é a via afetiva. O sentimento e, mais especificamente, o amor, abre as portas da percepção para realidades insuspeitas. Torna possível a comunhão entre seres, e é nesse encontro que acontece o verdadeiro fenômeno do conhecimento.

O sensório, a razão, a intuição e o sentimento são atualmente estudados como o quarteto de funções psíquicas que todos possuímos para conhecer o mundo, conforme nos ensina a psicologia junguiana. Chegam a constituir fundamento para a classificação de tipos psicológicos e, mais recentemente, para a compreensão das diferentes formas de saber nas suas expressões mais comuns, como ciência, filosofia, religião e arte.

Como possuímos todas as funções psíquicas, elas estão presentes em tudo o que produzimos, em maior ou menor grau. Entretanto, há ênfase em algumas funções psíquicas para certas produções do conhecimento. Assim, podemos entender que a ciência objetiva e experimental, em seus períodos de normalidade paradigmática, é produzida predominantemente através do sensório e da razão.

As filosofias, de modo geral, nascem da razão e da intuição. As artes são mais legitimamente expressas por sentimento e sensação. O conhecimento religioso, resultante da experiência de transcendência ou misticismo produtivo,[64] surge da integração de sentimento e intuição.

Cada saber – ciência, filosofia, religião ou arte – tem seu modo próprio de ser produzido, embora as fronteiras desapareçam quando se trata da produção de gênios e místicos.[65] É fácil compreender que, no caso desses seres acima da média da humanidade, alcancem uma síntese mais elevada das quatro funções psíquicas e as utilizem na sua área de atuação.

---

64 Peixinho, cuidadoso, faz uma distinção importante, incorporando o qualificativo "produtivo". Sabemos que o vocábulo "misticismo" designa a inclinação que muitos temos de acreditar em forças e entes sobrenaturais; acredita-se, ainda, na possibilidade de nos comunicar com a divindade ou receber dela sinais ou mensagens. Essas crenças, que têm fundo de verdade, podem ser vivenciadas de modo ingênuo, mágico ou fantasioso, sem repercussões positivas, ou pode induzir a atitudes que tragam benefícios cognitivos e ético-morais.

65 Poetas e santos, conforme a época e o valor simbólico atribuído a quem ganha tais títulos, são comumente denominados de místicos. Parte da razão está no modo como percebem ou descrevem a realidade em suas múltiplas formas de manifestação e complexidade.

As hegemonias transitórias de cada uma dessas formas de organização do saber ainda refletem o nível de insuficiência do desenvolvimento das funções psíquicas. Quanto mais integrado é o ser, menos barreiras e mais pontes ele constrói na produção do conhecimento.

Necessitamos, cada vez mais, de uma compreensão transdisciplinar, integradora, sintética, multicultural e universalista.[66] Não teria sido essa a inspiração de Allan Kardec, ao propor a aliança da ciência e da religião, através de uma filosofia produzida interexistencialmente, com repercussões na evolução da arte, como um dos objetivos do espiritismo?

---

66 Nosso grau de afinidade ou estranheza aos adjetivos propostos por Peixinho pode derivar da nossa formação ou inclinação acadêmica. Temos mais proximidade, conforme preconiza o Enem, com as ciências humanas ou com as ciências da natureza? Com as linguagens e seus códigos ou com a matemática? Kardec, como podemos deduzir, abraçava todos os conhecimentos existentes em sua época. O modo como ele se utilizava deles, certamente, não era conforme a perspectiva das "caixinhas separadas".

8
Para que espiritismo?

O LANÇAMENTO DE *O LIVRO DOS ESPÍRITOS*, ocorrido em 18 de abril de 1857, é considerado o marco referencial histórico do surgimento do espiritismo. Essa denominação foi cunhada por Allan Kardec para diferenciar a nova doutrina de outras correntes espiritualistas.

Muitos questionam a necessidade de mais um "ismo" entre as filosofias, religiões e ciências. Apesar de ouvirem falar do conteúdo do livro, suas ideias dominantes ou mesmo se dedicarem às práticas espíritas e frequentarem instituições afins, não se dão ao trabalho de estudar a obra em profundidade, limitando-se geralmente a conhecê-la através de uma leitura superficial ou de comentários em palestras espíritas. Dessa forma, ficam devendo a si mesmos a compreensão de um inestimável tesouro de sabedoria, privando-se de usufruir das respostas aos grandes problemas humanos ali contidas.

Apresentamos, à guisa de amostra, alguns dilemas existenciais e a proposta espírita solucionadora.

Desde os tempos dos gregos, a civilização ocidental se divide em dois blocos: os materialistas,[67] que valorizam apenas a percepção objetiva, restringindo sua investigação ao mundo sensorial – chegando a constituir-se como ideologia oficial de Estado, na qual o conhecimento científico é hegemonicamente valorizado; e os espiritualistas, com suas percepções subjetivas e sobrenaturais, influenciando através de suas estruturas organizacionais as diferentes formas de governo, enquanto enfatizam o poder da religião.

Há um natural antagonismo entre estas duas posturas que, em última análise, são modos filosóficos distintos de encarar o mundo.

A filosofia espírita evidencia, nos termos da dialética hegeliana,[68] o equívoco desse divisionismo artificial e anuncia o advento de uma compreensão integrada da realidade.

Espírito e matéria são duas expressões dessa realidade. A lei do Universo é a diversidade de manifestações na unidade da essência. Ciência e religião são complementares: cada uma possui seu universo próprio de investigação, seu objeto de estudo, suas regras e seus resultados, que, quando aprofundados, terminam por encontrar suas zonas de intercessão e suas fronteiras, revitalizando-se mutuamente.

---

67 Alexander Moreira-Almeida, espírita e importante pesquisador vinculado à UFJF, tem utilizado o conceito de "fisicalista" em substituição ao termo "materialista". O vocábulo "fisicalista" é tecnicamente delimitado e, em razão disso, tem sido adotado cada vez mais.

68 Hegel, filósofo idealista alemão, trabalhou um conceito – a dialética – que permitiria conciliar ideias em confronto, possibilitando a criação de algo maior, que supere as diferenças individuais anteriores.

Assim se compreende a proposta feita por Kardec, em pleno século da fragmentação do conhecimento: realizar a aliança entre os "saberes" em franco litígio. Aproveitando-se do vigor do positivismo[69] vigente, ele utilizou-se do seu método científico, aplicou-o ao objeto da investigação – o Espírito –, coletou milhares de informações e publicou suas conclusões, que envolvem o domínio das revelações religiosas.

Ele revestiu o conhecimento fideísta[70] de uma fundamentação experimental, demonstrou a existência de um mundo invisível aos cinco sentidos – apregoado pelas religiões –, mas tão real quanto o mundo material. Identificou-o como preexistente e sobrevivente aos fenômenos de nascimento e morte, matriz das circunstâncias histórico-sociais que vivemos por interações entre encarnados e desencarnados, ampliando a compreensão da justiça divina através do mecanismo da reencarnação e construindo as bases de uma sociologia interexistencial e palingenésica.[71]

---

69 O positivismo, que trouxe um importante legado ao conhecimento humano, foi superado por outras concepções e escolas científicas.

70 O fideísmo é uma posição filosófica e teológica em que a fé é o principal meio de acesso ao conhecimento, em detrimento da razão.

71 A palingenesia é o retorno periódico da alma ao mundo. É um conceito da filosofia pitagórica. Pode ser considerada, por aproximação, o equivalente à reencarnação. O autor utiliza-a nesse sentido.

Ao fazê-lo, evidenciou as limitações das filosofias materialistas e espiritualistas, em especial no que concerne ao ser, sua origem e destino.

Nos seus diálogos interexistenciais, à semelhança da maiêutica de Sócrates e da dialética de Platão, Kardec introduziu a noção da unidade fundamental do cosmo, acoplada às manifestações evolutivas do Espírito, num progresso que se estende do reino mineral até a angelitude. Assim, toda a natureza é revalorizada, pois o homem é uma das expressões dessa unidade fundamental, e não um ser criado especialmente para dela desfrutar.

O homem é o produto mais complexo da natureza, em termos de manifestação psíquica, mas ainda muito distante da expressão plena do Espírito. Assim, apresenta as premissas para a constituição de uma compreensão ecossistêmica da Vida.

O saber espírita, ao se apresentar como auxiliar das religiões e das ciências, e se constituir como filosofia livre do espírito de sistema, revela-se uma grande opção para aqueles que, na contemporaneidade, prezam a liberdade plena do conhecimento em todas as suas formas de organização – científica, filosófica e religiosa – e aspiram a uma síntese transdisciplinar do saber.

Aqueles que desejarem aprofundar os estudos espíritas poderão fazê-lo por meio de cursos regulares nas instituições espíritas e, mais particularmente, na Sociedade Hólon,[72] onde se realizam estudos comparados de filosofia espírita.

72 Instituição fundada em 13 de março de 1999, em Salvador, sem fins lucrativos, reconhecida de utilidade pública municipal, estadual e federal, para realizar, em âmbito profissional, o Projeto Hólon, criado em 5 de outubro de 1979.

9
A missão do espiritismo

SE INDAGARMOS AO POVO BRASILEIRO SOBRE O significado do espiritismo, a resposta mais comum será a de que se trata de uma religião que admite a comunicação com os mortos. Até mesmo as instituições oficiais assumem essa perspectiva religiosa. O Instituto Brasileiro de Geografia e Estatística, por exemplo, assim procede na realização dos recenseamentos.

Nos centros espíritas, ocorre o mesmo com os frequentadores das reuniões públicas, que, usualmente, procuram ali os benefícios da fé e da oração. Essa forma de compreender o espiritismo, em terras brasileiras, calcada no sentimento de religiosidade, pode ser interpretada a partir das demandas sociais de um povo carente em questões básicas de sobrevivência, especialmente em saúde e educação.

Também contribuíram para sua estruturação como central de atendimento à dor, seus lemas: "Fora da caridade não há salvação"[73] e "Espiritismo: cristianismo redivivo"

---

73 Allan Kardec, *O Evangelho segundo o espiritismo*, cap. XV – "Fora da caridade não há salvação", seção "O mandamento maior", item 5.

– que facilitaram a construção de uma rede de assistência social, médica e educacional de grande valia para nosso país.

Aliás, essa opção pela caridade permitiu a sobrevivência do movimento espírita no Brasil, conquanto o mesmo fenômeno não tenha acontecido com as mesmas iniciativas em outros países, destruídos durante períodos ditatoriais ou de guerras mundiais.

As ações relativas ao amor ao próximo formaram um escudo protetor que conseguiu suspender a ordem de fechamento das instituições espíritas, durante a ditadura de Getúlio Vargas.

Restringir o espiritismo à sua dimensão religiosa é transformá-lo em apenas mais uma entre tantas opções sociais de religião. Mesmo com todo o valor que tal atitude representa, ela significa desconhecer a origem e os objetivos propostos pelo seu codificador Allan Kardec.

Ele o definiu como a ciência que estuda a natureza dos Espíritos e, a partir de uma metodologia científica, apresentou um tratado não convencional sobre as questões centrais da filosofia. Mais ainda, demonstrou como o espiritismo e seus seguidores poderiam desenvolver sua dimensão religiosa, diferentemente das religiões vigentes no Ocidente.

Kardec também apresentou alguns textos sobre a relação do espiritismo com o conhecimento artístico, ampliado posteriormente por seu discípulo Léon Denis.

Desde sua origem, o espiritismo propõe uma aliança entre as grandes áreas do saber, em especial, entre ciência e religião, apresentando-se na contracorrente da fragmentação do conhecimento – típica do apogeu científico do século XIX – e situando-se na vanguarda das tendências transdisciplinares atuais.

Assim compreendido, podemos inferir que o potencial do espiritismo ainda não atingiu sua plenitude. É necessário redescobrir o espírito investigativo, a reflexão filosófica e a busca estética, para termos uma noção clara das possibilidades do pensamento espírita para o século XXI.

Ao tornar-se um saber organizado, o espiritismo não pretende substituir nenhum movimento social e religioso, numa atitude proselitista. Pelo contrário, sua meta é auxiliar cada um deles na demonstração de suas proposições fundamentais, através dos resultados da pesquisa científica, da indagação filosófica e da vivência religiosa. Pode até mesmo validar a necessidade de diferentes formas de organização religiosa para atender aos estágios evolutivos dos Espíritos encarnados.

Torna-se pertinente a construção de núcleos de estudos e vivências centrados na integração dos saberes; eles devem produzir novos conhecimentos e interagir com entidades congêneres, levando sua visão de mundo para os ambientes profissionais e suas organizações.

Iniciativas desse quilate exigem dedicação ao estudo, condições adequadas de trabalho e capacidade para transitar no ambiente espírita convencional e nos meios intelectuais laicos. Por isso, valorizamos as experiências em construção da Uniespírito – SP, da Central Espírita Universitária – BA e do Instituto de Cultura Espírita do Brasil – RJ, entre outras, como marcos referenciais do aspecto tríplice do espiritismo. Se forem efetivas, essas iniciativas auxiliarão a superar a visão materialista de mundo, contribuindo com todo o potencial do saber espírita para a evolução da humanidade.

10
Estudos espíritas

DESDE AS SUAS ORIGENS, O ESPIRITISMO ENfatiza a necessidade de estudo para sua real compreensão. Allan Kardec considerou relevante a existência de cursos regulares para criar o que chamamos hoje de círculo de pensamento – um agrupamento de pessoas que possuem saberes similares sobre o objeto em foco e que asseguram a unidade de princípios.

E não poderia ser de outra forma, pois o conhecimento espírita nasceu de uma pesquisa séria, envolvendo milhares de seres encarnados e desencarnados que, juntos, criaram um modelo de aliança entre a ciência e a religião e produziram um saber interexistencial relevante.

Ao afirmar a relevância de validar o conhecimento pela fé, através do confronto com a razão – sintetizado na frase "Fé verdadeira só é aquela que for capaz de encarar a razão face a face em todas as épocas da humanidade",[74]

---

74 Allan Kardec, *O Evangelho segundo o espiritismo*, cap. XIX – "A fé transporta montanhas", seção "A fé religiosa – condição da fé inabalável", item 7.

Allan Kardec optou cuidadosamente pela necessidade de ter mais de uma função psíquica envolvida na produção e validação do conhecimento e, consequentemente, no seu estudo.

10

Hoje, sabemos que a fé é um modo de percepção da realidade mais profunda, além do mundo dos sentidos físicos, atualmente descrita como sustentada na intuição e no sentimento. E a razão, normalmente apoiada nos cinco sentidos corporais, constitui sua polaridade oposta. Assim, ambas se complementam e se sustentam.

Os estudos espíritas, para serem completos, eficientes e coerentes com os princípios, devem levar em consideração essa característica em sua maneira de apreender a realidade. São, portanto, necessários procedimentos pedagógicos diversificados que favoreçam a possibilidade de exercício das funções psíquicas do conhecimento – intuição, sensório, razão e sentimento – para atuarmos plenamente em termos de aprendizagem do espiritismo.

Ao reconhecer que os Espíritos se encontram em diferentes graus de evolução, tanto encarnados como desencarnados, ficamos sujeitos à revelação progressiva da lei de Deus em Suas várias manifestações e, por esse motivo, só estamos aptos a compreender saberes dos quais nos aproximamos, de alguma sorte, pelo desenvolvimento do ser espiritual.

Desse modo, estabelece-se uma "zona limítrofe" de aprendizagem que torna possível a assimilação de um novo conhecimento. A lição do mestre lionês, Kardec, nesse sentido é muito nítida, ao declarar que, antes de um materialista se tornar espírita, era necessário conhecer o espiritualismo em geral, como passo intermediário rumo ao seu esclarecimento.

As significativas diferenças evolutivas e culturais dos indivíduos encarnados devem orientar os organizadores dos estudos espíritas no sentido de variar o modo pedagógico, conforme as demandas dos interessados e, naturalmente, a capacidade da instituição e de seus membros mais atuantes.

Considerando-se a natureza científica, filosófica e religiosa, com repercussões no campo da arte, que caracteriza o espiritismo, para serem completos, seus estudos deverão contemplar as diferentes formas de expressão do conhecimento.

Além disso, ao tomarmos consciência da natureza interexistencial da pessoa, devemos considerar a importância de os estudos se desenvolverem com a participação dos estados mediúnicos e oníricos da consciência.[75]

---

75 Peixinho não explicita onde devam ocorrer os citados estudos espíritas, levando-nos a inferir que, no futuro, os conhecimentos revelados pelos Espíritos superiores, conjugados com os desenvolvidos e sistematizados pelos pesquisadores encarnados, serão componente curricular em diversos níveis e locais, dentro e fora do que denominamos de movimento espírita. Grupos de estudos poderão ser conduzidos em ambiente doméstico, em instituições escolares, de difusão cultural ou de investigação científica. O que foi denominado

Por último, recordamos que a verdadeira aprendizagem transforma o indivíduo, modifica seu comportamento e a percepção da realidade; assim, para ser relevante, o estudo deve produzir resultados vivenciais, sob pena de tornar-se uma excelente tertúlia cultural sem maiores consequências.

As assertivas, anteriormente apresentadas, permitem-nos delinear uma classificação geral das possibilidades de organização dos estudos espíritas. Ei-la:

» **Estudos introdutórios de natureza teórica, sistematizados, conforme o estágio de desenvolvimento do saber espírita e do nível cultural do aprendiz;**
» **Estudos de aprofundamento do saber, sob a forma de estudos comparados à sabedoria universal;**
» **Estudos interexistenciais de pesquisa em reuniões mediúnicas específicas e atividades oníricas organizadas;**
» **Estudos vivenciais de autoconhecimento e aplicação pessoal e grupal da teoria espírita;**
» **Estudos de integração do saber profissional com base na mundividência espírita;**
» **Pesquisas multicêntricas e comunitárias.**

---

de "estados mediúnicos e oníricos da consciência" pode se traduzir por faculdades anímicas e mediúnicas, que se manifestam em maior ou menor grau junto de todos os encarnados, passíveis de orientação, ajuste e aperfeiçoamento.

Considerando o grau de abrangência do pensamento espírita e o estágio de aprendizagem de nossos grupos, podemos vislumbrar a enorme variedade de desenhos pedagógicos[76] que podem ser construídos para atender à demanda de estudos em nosso movimento institucional. Essas ricas possibilidades já existem, ainda que parcialmente, em alguns núcleos espíritas.

Desse modo, contribuímos para a realização do segundo mandamento do espírita: Instruí-vos!

---

76 Já existe interface de estudos espíritas envolvendo as instituições espíritas tradicionais (centros, federações etc.) e outras instituições em diversas áreas, desde há muito tempo. No campo da saúde, há a interrelação do conhecimento e da prática espírita entre os grupos espíritas e os hospitais psiquiátricos (muitos deles surgidos e mantidos por entidades espíritas); no campo da educação, do mesmo modo, há os vínculos diretos e indiretos do movimento espírita com as escolas confessionais espíritas. Podemos ainda citar os grupos que estudam, de modo ecumênico, determinados temas, a partir da perspectiva espiritualista, com participantes de várias religiões.

O homem é o produto mais complexo da natureza, em termos de manifestação psíquica, mas ainda muito distante da expressão plena do Espírito. Assim, apresenta as premissas para a constituição de uma compreensão ecossistêmica da Vida.

O saber espírita, ao se apresentar como auxiliar das religiões e das ciências, e se constituir como filosofia livre do espírito de sistema, revela-se uma grande opção para aqueles que, na contemporaneidade, prezam a liberdade plena do conhecimento em todas as suas formas de organização – científica, filosófica e religiosa – e aspiram a uma síntese transdisciplinar do saber.

II

DAS CAUSAS PRIMÁRIAS

Quaisquer que sejam os prodígios que a inteligência humana tenha operado, ela própria tem uma causa e, quanto maior for o que opere, tanto maior há de ser a causa primária. Aquela inteligência superior é que é a causa primária de todas as coisas, seja qual for o nome que lhe deem.

– **ALLAN KARDEC**
***O livro dos Espíritos*, questão 9**

II

11
Qual é o nosso Deus?

OS REGISTROS HISTÓRICOS DEMONSTRAM QUE praticamente todos os povos acreditaram na existência de um poder transcendente, criaram uma descrição dele e estabeleceram normas de convivência com ele. A partir dessas concepções, buscaram explicar a gênese do Universo, definiram o significado da vida e da morte, construíram regras morais e regularam a vida social. Enfim, constituíram o saber religioso, suas estruturas de divulgação, seus representantes e seu papel sociopsicológico.

As formas de representação da divindade têm variado ao longo do tempo. Houve época em que era natural atribuir tal poder às pedras, aos vegetais e animais, à terra, ao céu e às águas, sacralizando-os.

Estabeleciam-se cultos e rituais em que os seres e as coisas do mundo eram tomados como a encarnação da transcendência, talvez porque a capacidade de abstração da mente fosse pouco desenvolvida e a percepção fosse dominantemente sensório-motora. Esse tempo ainda encontra ressonância na atualidade, em algumas manifestações religiosas que necessitam materializar o transcendente para atrair a atenção dos fiéis.

Também já experimentamos a fase de humanização do poder transcendente. Os deuses greco-romanos, vibrantes em suas atuações apaixonadas e ricos em caprichos e idiossincrasias; a divindade judaica Jeová, com seu modo de ser autoridade e justiça; e o paternal poder divino apresentado pelo Cristo às massas populares que o buscavam – são alguns exemplos desse período que ainda persiste em larga escala no imaginário social.

Progressivamente, o poder foi unificado numa única entidade e suas qualidades negativas eliminadas da descrição.

Quase simultaneamente, assistiu-se à desmaterialização de Deus. Com o advento da filosofia, iniciou-se uma busca por conceitos sobre o poder divino. Os filósofos tenderam, em sua maioria, a concebê-Lo além do tempo, do espaço, da causalidade.

São assim as descrições da "Causa Incausada" e do "Primeiro Motor Imóvel" de Aristóteles, bem como "Ideia Perfeita" de Descartes.

Ao sabor dos recursos da mente, Deus passou à condição de uma questão racional. Surgiram os argumentos sobre a necessidade da Sua existência, as provas ontológicas, o enunciado de Suas qualidades que se constituíram capítulo especial dos estudos filosóficos.

Também surgiram os pensadores da negação de Deus, do falseamento das provas e da explicitação da fragilidade dos argumentos. Além deles, ainda tivemos análises sofisticadas sobre a incompetência da mente humana em lidar conceitualmente com o Absoluto, o Infinito, o Eterno, sendo ela relativa, finita e temporal.

Com a ascensão da ciência à condição de supremo saber, as descrições citadas acerca do poder divino entraram em crise. Afirmou-se que Deus seria inteiramente descartável no entendimento das leis do cosmo, da vida humana e na construção do bem-estar.

Uma onda de materialismo, pelo menos nos meios culturais do Ocidente, surgiu. Entretanto, mesmo nesses ambientes, verificou-se que a matéria progressivamente adquiriu características de divindade, o acaso tornou-se organizador e criador, e uma fé exacerbada no cientificismo emergiu.

Esse retrospecto sumário mostra-nos que a presença divina tem sido constante nos convívios humanos. Como afirmava Carl Gustav Jung, chamado, ou não, Deus está presente.[77] Entretanto, Sua percepção tem variado conforme a maturação evolutiva individual ou grupal.

Assim, torna-se cabível compreender as progressivas substituições de formas divinas e até mesmo os períodos niilistas transicionais. Como lembrava Teilhard de

---

77 Certamente, Jung parafraseia o que está escrito no pórtico do Templo de Apolo, em Delfos, na Grécia: "Mesmo não invocado, Ele se manifesta".

Chardin, cada época precisa de um Deus apropriado ao seu tempo para não cair na descrença. Ele próprio se esforçou para trazer-nos uma concepção de poder divino criador e evolucionista, integrando ciência e fé.

É possível, portanto, conceber a evolução da expressão do divino como um reflexo do desenvolvimento da consciência. A fase sensorial nos conduziu ao politeísmo. A fase racional nos trouxe o dualismo, separando o Deus criador de Sua obra.

A fase intuitiva está levando-nos à percepção de um monismo[78] essencial, além da matéria e do espírito, tal como tradicionalmente os reconhecíamos.

Desse modo, emergem os relatos decorrentes das experiências numinosas, dos estados de iluminação e da mediunidade ultrafânica. À medida que a psique integra suas funções e evolui, novas modalidades de percepção aparecem, tendo como eixo condutor uma totalidade crescente.

---

78 O monismo refere-se a uma concepção filosófica em que toda a realidade é vista como fundamentalmente una, transcendendo as tradicionais divisões entre matéria e espírito, criador e criação. Representaria, nesse sentido, um estágio mais avançado de compreensão do divino marcado pela: a) superação das dualidades; b) integração totalizante; e c) imanência divina, isto é, Deus se manifesta de modo permanente, estando integrado à realidade do tempo e espaço (antes, hoje e sempre). A percepção monística, podemos deduzir, surge do desenvolvimento da "fase intuitiva" da consciência, capaz de apreender unidades que o pensamento puramente racional não consegue captar. O monismo encontra-se presente na filosofia de Hegel, na filosofia de Spinoza e em algumas correntes do hinduísmo.

Daí, ser comum, entre os místicos, as expressões de unidade cósmica, o conceito de *panenteísmo*[79] – que integra imanência e transcendência – e a sensação de não-separatividade, esta última bem-lembrada no *Evangelho* na expressão: "Eu e o Pai somos Um" (*João*, 10:30).

Enquanto não vivenciarmos a experiência plena do divino – que exige pureza de coração, conforme enuncia o texto do "Sermão da Montanha" –, ainda continuaremos a criar muitos cultos e a acreditar que eles são a representação de Deus. E, pior, em nome Dele, tentaremos nos afirmar como os únicos representantes, condenando os demais à condição de heresia, inverdade ou ação demoníaca.

À medida, porém, que superarmos a ignorância decorrente de uma percepção fragmentada de conceitos e formas escravizantes, brilharemos em sabedoria, afirmando por experiência: "Em Deus estamos, Deus somos e em Deus nos movemos" (*Atos*, 17:28). Então, perceberemos que o divino está presente até mesmo na mais atrasada das formas de representação.

---

79 Em termos simples, esta concepção remete à ideia de que Deus está em todas as coisas, mas também transcende o Universo. É diferente do panteísmo, que identifica Deus com o Universo; no panenteísmo o Universo está contido em Deus, mas Deus é maior e mais abrangente.

12
Para conhecer Deus

12

A O LONGO DA HISTÓRIA DAS CIVILIZAÇÕES, A crença na existência de Deus sempre esteve presente. Ela tem um caráter praticamente universal em termos de agrupamentos humanos, embora existam pessoas que declarem não compartilhar essa crença. Ainda assim, tal declaração é questionável, pois uma observação acurada de suas ideias revelará em geral a presença de algo com atributos que só uma divindade possui. O exemplo clássico é o Acaso Criador.[80]

---

80 O debate sobre a necessidade de um "princípio organizador transcendente" está presente em movimentos culturais como o do design inteligente, objeto de controvérsias no mundo acadêmico-científico. Não por acaso, Peixinho não o cita, nem aos seus teóricos ou defensores. Lembremos que esse movimento cultural é defendido pelo *Discovery Institute* e, em seus documentos, de acesso público, está claro que seus propósitos são "renovar a cultura americana" e desafiar o "materialismo científico". O movimento surgiu e desenvolve-se em contextos político-religiosos, não em laboratórios ou instituições de pesquisa. Suas principais batalhas são travadas nos meios educacional e midiático, não em periódicos científicos revisados por pares.

A que atribuir a universalidade da ideia de Deus que é encontrada mesmo nos povos primitivos? Para os filósofos idealistas como Descartes, a resposta é que o Criador imprimiu Sua marca na criatura, um sinal que se apresenta como uma ideia inata de Deus presente no homem, que se reveste de diferentes formas de apresentação, conforme seu desenvolvimento cultural ou o aprimoramento da consciência.

Allan Kardec, porém, refere-se a um sentimento intuitivo, algo que precede a ideia e representa a marca do obreiro em Sua obra.

A universalidade de uma crença, entretanto, como afirma Carl Gustav Jung, não é suficiente para assegurar a veracidade de seu conteúdo. É preciso que outras fontes de saber a corroborem. E a literatura universal é rica em informações sobre a melhor maneira de conhecer Deus.

De Aristóteles, na Grécia Antiga, aos físicos da contemporaneidade, a questão do conhecimento de Deus sempre esteve presente. A seu modo, cada pensador elege uma via de acesso e constrói sua própria metodologia gnóstica.

Nas primeiras comunicações espíritas que deram origem a *O livro dos Espíritos*, foi dito que se pode justificar a existência de Deus usando a razão: basta que se utilize o princípio da causalidade, tão caro ao método científico. Para se crer no Criador, deve-se lançar o olhar sobre o Universo e identificar sua causa. Porém, para compreender a natureza íntima de Deus é preciso elevar-se acima da matéria e desenvolver um novo sentido de percepção.

Léon Denis explicita o mesmo raciocínio numa imagem poética, quando afirma que o arremesso de letras ao acaso jamais produziu um poema qualquer, expressando assim sua admiração pelas belezas do Universo e, ao mesmo tempo, inferindo a existência de um poeta de alto quilate. Além disso, afirma que Deus pode ser percebido no santuário do nosso ser, nas horas de silêncio e de meditação.

Amit Goswami, um dos mais importantes físicos da atualidade e autor do livro *O Universo autoconsciente*, afirma que a consciência é o substrato do cosmo e que o Universo é matematicamente inconsistente sem um conjunto superior a que se podem atribuir as qualidades de um Deus. Utiliza, portanto, a faculdade de pensar no estudo dos fenômenos não usuais da paranormalidade e as concepções da física quântica para inferir a existência de Deus.

No texto de *A grande síntese*, encontramos a afirmação dos limites da possibilidade da razão para investigar a natureza íntima dos fenômenos e de Deus, pois ela mesma é um instrumento mais adequado para resolver os problemas externos da vida ligados à conservação do indivíduo e da espécie.

Ela, porém, somente consegue explorar a superfície das coisas, sem competência para penetrar na essência do ser e do existir. Para avançar, é preciso desenvolver outros estados de consciência como a intuitivo-sintética e a místico-unitária.

No "Sermão da Montanha" proferido por Jesus, encontramos a afirmação: "os limpos de coração verão a Deus" (*Mateus*, 5:8). Muitos pensadores, refletindo sobre o texto cristão, compreendem que, nesse caso, Jesus colocou o sentimento como via preferencial de acesso ao divino. Ele é o instrumento de integração, por excelência, de unificação no Todo e a fonte do perfeito conhecimento, confirma mediunicamente um Espírito oriental.

Acreditamos que as diferentes posições dos autores citados refletem o nível de seu desenvolvimento psíquico – integrado ou polarizado em uma função psíquica –, bem como o grau de maturação do Espírito observador. Elegemos a experiência pessoal, através da entrega por amor e pela fé, como a mais consistente e duradoura. Entretanto, ela é intransferível.

Por isso, valorizamos os esforços da razão e dos sentidos na tentativa de conhecer o divino, pois atendem a uma ampla parcela da humanidade em sua busca por conhecimento, dentro de uma determinada faixa de desenvolvimento espiritual que prioriza o intelecto, enquanto não se vivencia a própria experiência.

13
Presença divina

NOSSA VISÃO COTIDIANA DE MUNDO NOS LEVA a crer que existe uma realidade independente de nossas observações. Essa noção nos conduz à suposição de que conhecê-la é uma questão de competência em percebê-la. Não nos damos conta de que o observador tem características próprias e, por isso, apreende a realidade conforme seus instrumentos de percepção. Em suma, a observação nunca é a realidade pura tal como ela é. O observador projeta no observado sua maneira de perceber. Assim, como dizem alguns filósofos, o que conheço é o mundo percebido por mim e nunca o mundo em si mesmo.

Essas reflexões estão hoje corroboradas pelas interpretações da realidade no âmbito da física quântica. É voz comum entre os especialistas dessa ciência que o observador, o observado e a observação formam uma unidade indivisível. Desaparece, em parte, a decantada objetividade do conhecimento e cai o mito da neutralidade científica.

Tais noções sobre o conhecimento e suas possibilidades também se aplicam à experiência do divino. A qualificação do observador e os instrumentos utilizados são variáveis importantes na percepção de Deus.

Segundo Léon Denis, se procurarmos a divindade através do sensório, ela nos aparecerá múltipla, dando origem ao politeísmo. Se usarmos a razão, haverá separação entre o mundo e Deus, surgindo os diversos dualismos religiosos e filosóficos. Se, entretanto, buscarmos Deus pelas vias da intuição, surgirá o monismo que alguns preferem intitular de panenteísmo ou Todo-Uno-Deus.

É consequência destas reflexões a inutilidade da negação dos diferentes modos de perceber Deus, pois eles representam a diversidade de uso das funções psíquicas e são expressões do estágio de desenvolvimento do Espírito.

De forma semelhante, é compreensível a existência de uma variedade imensa de criações humanas sobre a natureza de Deus. Algumas são expressões do mundo pré-humano, minerais, vegetais e animais; outras são amplificações do humano e por isso são antropomórficas.

Também existem abstrações do mundo racional e bem poucas são representações das experiências transcendentais, de difícil comunicação. A reconstituição do itinerário de Deus na civilização revela uma progressiva desmaterialização e superação do antropomorfismo. Deus é feito à nossa imagem e semelhança ou, pelo menos, restringimos Sua presença a nosso mundo conhecido.

Nossas relações com a divindade também se mostram reguladas pelo estágio de percepção que alcançamos. Quanto mais ligados ao mundo físico, mais as nossas demonstrações serão marcadas pelas oferendas materiais, pela tentativa de agradar, pelos pedidos vinculados à sobrevivência e pelo anseio do miraculoso como derrogação de uma lei física.

À medida que deslocamos a percepção para a razão, construímos uma relação de reconhecimento de uma lei, a exemplo do carma.[81] Inferimos suas aplicações e vivemos certo estado de compreensão de que Ele não pode alterar Seus próprios princípios. Pela intuição e pelo sentimento puro, nossa percepção de Deus altera-se: nada pedimos; coisa alguma esperamos.

---

81 A utilização da expressão "carma" (ou "karma") não implica que o autor concorde com o que a doutrina original, de origem oriental, afirma acerca dela: ações gerando determinismos de natureza cíclica (retorno à roda das reencarnações). O espiritismo explica a lei de causa e efeito ou lei de ação e reação, concebida como instrumento pedagógico da Providência Divina: o Espírito tem possibilidade de renovação e transformação moral pela vontade e esforço próprio em face de suas ações. Não há um sentido punitivista como muitos expressam: "Conforme as leis de ação e reação, você colherá tudo o que plantou, aguarde!"

Sentimo-nos parte de uma totalidade, nela integrados, experienciando a plenitude. Louvação é a característica desta relação de deleite e bem-aventurança. Para Jesus, ela acontece quando se torna puro o coração. Um Espírito orientador assim expressou esse estado de bem-aventurança, em linguagem poética, no livro *Divina presença*, psicografado por Elzio Ferreira de Souza.

> **O que ia dizer não pôde ser dito.**
> **O que foi sentido não pôde ser descrito.**
> **O que foi visto é invisível.**
> **Só luz, somente luz.**
> **Mergulhado no mundo – Deus.**
> **Mergulhado no outro – Deus.**
> **Mergulhado em mim – Deus.**
> **Sem alto e sem baixo,**
> **Sem vida e sem morte,**
> **Sem princípio e sem fim:**
> **Deus, somente Deus.**

Viver tal estado de espírito deve ser o objetivo maior de nossa existência.

14
Espírito e matéria

COSTUMA-SE COMPREENDER O ESPÍRITO E A matéria de duas formas principais: esta como subproduto daquele, ou reciprocamente. Para os materialistas, a consciência, o pensamento e o espírito são construtos[82] da crescente complexidade dos seres materiais. Para os espiritualistas, o espírito é a substância primordial, essência sobrevivente aos processos de degradação corporal, de natureza imortal, tendo a matéria como obstáculo à sua plena manifestação e fonte de dissabores na busca da perfeição.

Os defensores de cada uma dessas concepções apresentam seus argumentos e seus fatos, delas retirando as consequências sociais e morais. Materialistas e espiritualistas, ao longo da história, mostraram-se, com frequência, infensos ao diálogo.

Para um observador espírita contemporâneo, os dois grupos serão considerados reducionistas e incompletos em sua visão de mundo.

---

82 "Construto": ideia de produto ou resultado.

Apesar de cada um apresentar suas provas, válidas em determinadas condições, elas resultam de uma consciência que percebe, segundo seu momento existencial evolutivo. Não pode ter o caráter de universalidade e de verdade atemporal que todos desejam.

Desde os primórdios do espiritismo, esse tema recebeu atenção adequada. Espírito e matéria foram definidos inicialmente como elementos gerais do Universo. Acima de tudo, colocou-se Deus como o gerador de todas as coisas. Desempenhando o papel de intermediário entre os dois elementos gerais, acrescentou-se a noção de fluido universal.

Esse fluido, refletindo o conhecimento e a linguagem da época, pode manifestar-se como eletricidade, magnetismo, entre outras formas. Também se considera uma matéria mais perfeita, sutil e independente. Algumas formas materiais apresentam-se tão etéreas que nenhuma impressão nos causam.

Essa concepção dualista começa a ser questionada, quando Allan Kardec pergunta aos Espíritos se não seria mais exato designar os mencionados elementos como matéria inerte e matéria inteligente. Apesar de terem propriedades distintas, teriam algo em comum como, por exemplo, pertencerem à categoria da existência, sendo, portanto, alguma coisa.

Os Espíritos respondem considerando os nomes atribuídos como uma limitação da linguagem humana, incapaz de expressar aquilo que escapa à percepção sensorial. Ainda assim, quando questionados se são imateriais, respondem que é melhor afirmar que são incorpóreos, pois alguma coisa são. E se autodefinem como constituídos de uma matéria quintessenciada, sem analogia com qualquer coisa conhecida.

Essas assertivas foram comumente acompanhadas do comentário sobre a dificuldade, mesmo para os Espíritos, de identificarem os pontos de contatos entre matéria e espírito. Assumem, assim, as próprias limitações e a impossibilidade de traduzir, para o nível humano, saberes de maior profundidade.

Com o advento de novas concepções científicas, em meados do século XX, outros informes nos chegam sobre o problema. Um deles assevera que, em essência, toda matéria é energia tornada visível e esta é um derivado da força divina. Outro, afirma que é válido dizer que espírito e matéria são variações alotrópicas[83] de uma essência

---

83 Na química, alotropia refere-se às diferentes formas que um mesmo elemento químico pode assumir. Ao dizer que "espírito e matéria são variações alotrópicas de uma essência imutável", o autor está propondo que espírito e matéria são manifestações diferentes de uma mesma substância fundamental, assim como o diamante e o grafite são ambos carbono, distinguindo-se pela estrutura. Desse modo, espírito e matéria seriam duas faces ou dois estados de uma única essência cósmica. Não seriam substâncias completamente separadas e opostas, mas variações da mesma realidade primordial.

imutável, assim estabelecendo uma unidade substancial no Universo. Em complemento, assevera que há um monismo psicofísico, perfeitamente conciliável com a doutrina dualista e prevê que a ciência terrena um dia conceberá a unidade de todas as forças físicas e psíquicas do cosmo.

Progressivamente, vamos adotando a concepção de que o Universo pode ser percebido no seu aspecto Uno, essência, substância primordial ou, no seu Verso, múltiplo e variado.

Nesse sentido, integrando as informações espirituais, encontra-se o modelo cósmico que concebe Deus como o centro de irradiação e atração. Ele é onipresente enquanto princípio criador, mesmo em Suas manifestações. A ideia pura, primeiro modo de ser do Universo, foi chamada espírito, pensamento ou lei.

Condensado e revestido sob a forma de vontade, aparece como energia, gerando o movimento. Mais densificado, revela-se como forma ou matéria. Matéria, energia e espírito são variações evolutivas da substância divina primordial. A depender do enfoque adotado, geramos as concepções: monista, materialista e espiritualista; dualista e unotrinitária.

Entre alguns profissionais da ciência, o espírito, adotando o nome de consciência, na atualidade, começa a ser considerado como a substância primordial do Universo.

Muito ainda há de se descobrir sobre o Universo. Mesmo para os Espíritos comunicantes elevados, existe limitação de conhecimento e de possibilidade de transmissão de informação.

Se quisermos avançar, teremos de desenvolver novos sentidos de percepção e continuar entrelaçando ciência tradicional e espiritismo, pois, conforme afirmou Allan Kardec, ambos se completam reciprocamente. A ciência sem o espiritismo se acha na impossibilidade de explicar certos fenômenos só pelas leis da matéria; ao espiritismo, sem a ciência, faltariam apoio e comprovação.

15
Reflexões sobre a evolução

A IDEIA DE EVOLUÇÃO GANHOU PESO NA CULtura a partir dos estudos de Charles Darwin e transformou-se numa grande teoria explicativa da gênese das espécies distintas de seres vivos, incluindo o homem. Sua vitoriosa carreira pareceu alijar Deus ou o espírito da criação e do desenvolvimento posterior do cosmo.

Sua abordagem do mundo, entretanto, não satisfez a uma gama de pensadores que não concordaram com ela, pois entenderam que ela é reducionista e se limita a tratar de aspectos biológicos dos seres vivos.

Embora não desqualificando o valor da teoria, procuraram construir outros modelos mais complexos que incluíssem o espírito ou a consciência na sua interioridade. Tentaram, dessa forma, integrar a mente e a matéria e, em termos de conhecimento, a ciência com a religião.

Esses pensadores foram pouco aceitos em suas respectivas comunidades de pensamento, pois, transitando entre duas vertentes do saber, eram vistos como muito científicos para serem religiosos ou muito religiosos para serem cientistas.[84]

Merece citação o nome de Teilhard de Chardin, de formação católica, que chegou a ser membro oficial de sua igreja, pela capacidade de perceber e explicitar a não contradição entre a noção de espírito e matéria no processo evolutivo.

Ele considera no brilhante livro intitulado *O fenômeno humano*, que os conceitos da biologia e as descobertas paleontológicas limitavam-se a descrever o lado de fora do fenômeno evolutivo.

O lado de dentro era o desenvolvimento crescente da consciência que, cada vez mais, manifesta-se à medida que os organismos adquirem complexidade. Também deixa claro que isso ocorre graças a uma energia que move a evolução, promovendo um fenômeno crescente de amorização.

Demonstra que, no passado, a evolução deu grandes saltos de qualidade, primeiro quando houve a biogênese e depois, quando do surgimento do pensamento nos seres humanos, salto esse denominado noogênese.

Ele enfatiza que a fase humana da evolução possui uma telefinalidade, que é constituir-se enquanto consciência em um novo estágio chamado cristogênese, transcendendo o humano.

---

84 A depender do paradigma adotado por críticos da ciência ou da religião, muitos debates são literalmente cancelados, ignorados ou apagados. Uma das estratégias é a utilização de rótulos como "pseudocientífico", "metafísico", "positivista", "mágico", "ingênuo".

Para tanto, o momento evolutivo humano deve realizar três movimentos: a centração – autoconhecimento e autocultivo, um claro resgate da tradição socrática; a descentração – percepção do outro em sua inteireza, expressão cristã do valor da alteridade; e a supercentração – transcendência do humano, num resgate do divino que recorda as devoções místicas da tradição espiritual, especialmente a hindu.

A mente científica bem treinada, aliada a um sentimento aprimorado de devoção ao divino, permitiu a esse pensador descortinar a possibilidade de colocar o ser humano como o eixo e a flecha da evolução – participante e gestor do destino do cosmo.

Os escritos de Teilhard de Chardin encontram similaridades interessantes nas obras do filósofo hindu Sri Aurobindo e do místico italiano Pietro Ubaldi. Mais recentemente, os estudos da consciência da psicologia transpessoal reforçam a validade de tais concepções.

Para os estudiosos espíritas, a ideia da evolução está presente no corpo de pensamento do espiritismo, desde a publicação de *O livro dos Espíritos*. Em uma de suas respostas encontra-se claramente definida a noção de que matéria e espírito se encadeiam, tendo esse último iniciado na matéria.

A evolução do espírito fica mais bem delineada nos estudos posteriores de Gustave Geley e Gabriel Delanne, que publicaram interessantes contribuições sobre a evolução do psiquismo.

Mais recentemente, a mediunidade de Chico Xavier e Waldo Vieira trouxe-nos um resumo de um curso sobre evolução, em que ideias similares são apresentadas. Também não se pode esquecer a brilhante exposição evolucionista de Manoel Porteiro no seu livro *Espiritismo dialético*, com sua interessante concepção integrativa de fisiodinamopsiquismo.

A essência do pensamento desses autores é convergente. Utilizando-se de abordagens culturais distintas, praticamente chegam aos mesmos resultados. As diferenças entre eles, pouco relevantes, refletem um pouco suas histórias de vida e contextos sociais. Essa identidade de pensamento corrobora a hipótese de que alguns conhecimentos têm caráter universal.

Se Chardin fosse espírita, provavelmente incluiria em suas explicações dois conceitos: o de perispírito, como modelador da matéria, e o da reencarnação, como mecanismo evolutivo da consciência. Adicionalmente, perceberia o mundo espiritual como o sucessor natural de conceitos estanques como o céu e o inferno. E aproveitaria a mediunidade para melhor estudar a evolução.

No meio em que ele estava inserido não era factível tanta compreensão. Pelo seu legado cultural, conheceu a discriminação, a proibição em matéria de divulgação e até o confinamento. E se fosse mais completo, já não estaria no meio dos seus, arejando a mentalidade da sua comunidade. Seus escritos seriam heresias e seu destino, o exílio de seu mundo.

16
O psiquismo humano

O ESTUDO DO PSIQUISMO HUMANO É UMA atividade que remonta às origens do espiritismo. Corroborando tal assertiva, lembramos que Allan Kardec colocou na *Revista Espírita*, por ele editada, o subtítulo *Revista de Estudos Psicológicos*.

Em meados do século XIX, a psicologia era ainda um ramo da filosofia. Naquela época, apesar do apogeu do racionalismo e em especial do positivismo de Augusto Comte – colocando a razão como supremo árbitro do saber, e os sentidos como fonte básica de informações, a serem analisados pelo intelecto –, já se sabia da existência de um mundo psíquico além da consciência de vigília e capaz de surpreender a razão.

O pensador Eduardo Hartmann publicou, por volta de 1850, o livro *Filosofia do inconsciente*, e os chamados filósofos românticos questionaram a capacidade da razão em dirigir o ser humano.

Os estudos de Allan Kardec, mesmo se utilizando de uma metodologia científica positivista, revelaram os estados alterados de consciência, em especial, o transe mediúnico. A partir desse fenômeno básico, ele pôde descrever, sumariamente, uma psique humana interexistencial e palingenésica, equivalendo à compreensão de que há um inconsciente gerado através das reencarnações e das vivências no mundo espiritual, nos intervalos da vida corporal.

Confirmando a afirmativa de que o saber espírita é progressivo, no século XX, foram publicadas as lições do Espírito André Luiz, através do médium Chico Xavier.

E no livro *No mundo maior*, encontramos uma interessante estruturação da psique humana, no capítulo "A casa mental". O autor define três níveis de consciência que interagem: superconsciente, consciente e subconsciente. Cada um deles representa um momento do transformismo evolutivo do espírito, sendo que o primeiro e o último compõem nosso inconsciente.

O superconsciente é a zona de inspiração da psique onde se situam as grandes ideias de cada um e de onde emana a energia necessária para sustentar o indivíduo nas lutas da evolução. Nela está representada a imagem de Deus, hoje também conhecida como o "*Self*" da psicologia junguiana.

O acesso ao superconsciente verifica-se mais facilmente pela meditação e pela oração. Uma outra opção é a atitude de renúncia, entendida como superação das prisões psicológicas geradas nos outros níveis de consciência. O que apreendemos do superconsciente não pode ser vivido cotidianamente, de imediato, pois é o nosso futuro evolutivo. É de muita utilidade estarmos atentos a seus chamados e suas inspirações, pois representam o que há de mais elevado em nós.

O consciente é a zona de trabalho evolutivo; sua característica é a aplicação do esforço e da vontade na obtenção dos resultados, na construção de novas atitudes, na reformulação de práticas e conceitos e na gênese de hábitos. Representa nosso presente, para onde convergem as influências transformadoras do superconsciente e as energias estabilizadoras do subconsciente. É a faixa de consciência mais estreita, limitada em relação ao tamanho da psique; representa o campo de observação de mais fácil acesso, quando se trata de renovação psíquica.

O subconsciente é a zona de nosso passado evolutivo, onde guardamos a experiência pregressa reencarnatória e as conquistas do espírito através dos reinos da natureza sob a forma de instintos, tendências e aptidões inatas. Também, em sua camada mais recente, está nossa segunda natureza, os hábitos e condicionamentos, construídos através das influências socioculturais, da atenção familiar, da educação formal, da religião e, é claro, do trabalho pessoal da zona consciente.

Esse modelo de psique explica por que é muito mais fácil regredir ao passado e atuarmos através dos instintos e condicionamentos – pois se trata de uma experiência bem vivida e sedimentada – do que vivermos ideais humanitários – por exemplo –, pois eles só existem, na maioria das pessoas, no superconsciente.

Também podemos compreender por que não temos acesso direto e imediato a toda a nossa psique, pois, por questão de otimização do uso da energia psíquica, devemos usar a maior parte do tempo na zona do esforço e da vontade, assim concentrando nossa atuação na área de trabalho evolutivo – o consciente.

Além disso, podemos concluir que, como seres psíquicos complexos, temos uma parte coletiva traduzida nos instintos básicos da espécie humana. Uma outra parte é construída na imersão da cultura, nas múltiplas encarnações, comum a agrupamentos humanos, mas não tão universal quanto a primeira.

E uma parte recente, que nos faz seres praticamente singulares, únicos, pessoas irreproduzíveis. Somos, portanto, simultaneamente, seres coletivos e individuais. Como seres coletivos, sintetizamos a história planetária da evolução e como seres individuais estamos gerando o vir-a-ser do nosso mundo. Daí, a grande relevância de cada pessoa e de suas atitudes para a civilização.

17
As fases da vida

AS FASES DA VIDA PERMITEM TESTAR O SER EM evolução em múltiplos aspectos. Nos seus primórdios, durante a infância, importa dominar os complexos movimentos de integração com o mundo físico e assegurar a sobrevivência corporal. Assim, reaparece toda a aprendizagem do psiquismo, sob a forma de comportamentos instintivos, como a sucção das mamas, o choro ante a necessidade de alimentação e a progressiva exploração do meio ambiente.

É claro que a vida física forçará o psiquismo a adaptar-se a uma realidade em constante mutação, o que resultará em algumas aprendizagens diferenciadas.

Ainda que aparentemente similares, do ponto de vista biológico, para todos os seres humanos, há, nessa fase, influências dos níveis mais elevados do psiquismo, que se expressam em experiências criativas e, por vezes, não identificadas com a espécie.

São exemplos disso as manifestações de precocidade nas artes e nas ciências, ou o surgimento de habilidades sem prévio aprendizado. Pode-se até afirmar que, nesse estágio, ocorre uma repetição filogenética do psiquismo através do desenvolvimento corporal.

Porém, haverá sempre a possibilidade de aprimorar as competências já desenvolvidas, pois o repasse por uma mesma experiência torna viável seu melhor aproveitamento – especialmente quando o psiquismo, na idade adulta, desenvolveu novos aspectos de compreensão de palingêneses pregressas.

Evidentemente, a fase de aprendizagem da sobrevivência corporal durará até a morte física – sobretudo quando consideramos a crescente longevidade da população.

Se, por um lado, tal longevidade constitui um fenômeno muito novo e poucas vezes vivido pelo psiquismo na sua trajetória evolutiva, por outro, há as diferentes condições de vida com aspectos inteiramente desconhecidos das gerações passadas – pelo menos na forma de se apresentar –, pois evoluímos do nômade agricultor ao industrial cosmopolita.

Aos poucos, as dimensões afetivas e relacionais passam a ser a prioridade do teste evolutivo com formação da consciência do ego; a identidade psicológica torna-se o foco principal da expressão do psiquismo.

Uma vez dominados os principais mecanismos de sobrevivência do indivíduo no mundo corporal, a atenção se volta aos aspectos que asseguram sua diferenciação em relação ao ambiente familiar ou parental, despertando-o para as demandas já aprendidas, de contribuição à sobrevivência da espécie.

Nessa fase, caracterizada como puberdade e adolescência, e, usualmente, descrita como carregada de conflitos intrapsíquicos e relacionais, aparece um pouco mais a singularidade do psiquismo.

Idiossincrasias, tendências, vocações e estilo de vida são expressões específicas de sua manifestação, configurando com clareza tipos psicológicos variados e uma biografia bem diferenciadora, em que pese a existência de traços comuns dessa fase.

O nível evolutivo já alcançado pelo psiquismo faz a diferença na hora da manifestação do ser. Assim, para afirmar-se perante a influência parental, o jovem pode tanto adotar comportamentos agressivos e destrutivos em relação ao meio social, como optar por atitudes criativas e inovadoras.

Essa variedade comportamental torna possível uma primeira análise prospectiva do devir[85] pessoal, a partir do modo como se comporta para constituir-se ser integrante da sociedade. Mas é preciso atenção para as análises superficiais, rotuladoras dos comportamentos, pois o que interessa é avaliar quão provocadores de evolução eles se constituem, e não simplesmente os julgar, tendo como

---

85 O vocábulo "devir" remete à filosofia. Significa "tornar-se", "transformar-se", daí a ideia de se tratar de algo a se realizar no futuro. Nesse sentido, "devir" é um conjunto de possibilidades de crescimento ou maturação representando a ideia de processo, de mudança ou de evolução psíquica.

parâmetro uma ordem de valores, sancionados por uma determinada cultura, num tempo histórico específico.

A terceira fase permanece vinculada, em larga escala, a revisões do passado, quanto ao modo de estar no mundo. É ainda muito forte a predominância das normas sociais e a necessidade de respeitá-las e de se enquadrar, adquirindo certo *status* social e a aprovação da comunidade. Busca-se, fundamentalmente, a autonomia sociocultural e econômica, a sustentação de uma família constituída e a inserção grupal.

Mais uma vez, estabelece-se uma correlação entre o predomínio das experiências do passado – revividas, modificadas e transformadas ainda dentro do campo padrão de atuação – e os anseios evolutivos do psiquismo, que pretende abrir novos caminhos no existir e vivenciá-los pela primeira vez.

Em algumas pessoas, essa correlação de forças não consegue ser adequadamente integrada, podendo acontecer que o passado sufoque o futuro e a vida torne-se uma rotina descolorida, sem vibração e, até mesmo, depressiva; ou, ainda, que os anseios evolutivos sejam tão intensos, mas incompetentemente conduzidos, que gerem condutas desagregadoras ou comportamentos socialmente rejeitados.

Uma terceira hipótese é a escolha de vidas não convencionais como a de místicos, religiosos e ideólogos de grandes causas com natural desadaptação à vida social.

A quarta fase se caracteriza pela possibilidade de ser "novo" evolutivamente. Uma vez cumpridas as etapas anteriores, com competência psicológica, aparece mais nítido o anseio de evolução.

Na cultura moderna ocidental, tal aspiração tem-se apresentado revestida de conotações de busca espiritual ou, até mesmo, de abertura à dimensão religiosa, não raro acompanhada de experiências de transcendência não necessariamente voltadas ao mundo religioso tradicional.

São exemplos disso os movimentos de ser mais e melhor para a comunidade, o engajamento em programas sociais ou a ocupação com os problemas do planeta no plano exterior. No plano interior, também se têm verificado a introspecção, os resultados e práticas de autoconhecimento e a mudança de valores na direção da bondade, da beleza e da verdade.

Apesar de alguns temas dessa fase já aparecerem nas anteriores, a abordagem é diferente: há uma crescente profundidade no modo de encará-los, uma vivência mais pessoal e especial e uma capacidade de apresentá-los ao mundo sem os desvios proselitistas da fase juvenil.

Essa fase pode ser desdobrada em etapas. A primeira delas ainda se manifesta por meio de uma atuação no mundo exterior – clara, visível –, apresentando novidades comportamentais e ações embasadas em princípios, antes apenas vislumbrados, pelo menos, para a pessoa em análise.

Segue-se uma outra etapa de síntese e introspecção, quando escasseiam as ações externas que já não apresentam evolutivamente marcas distintivas. Por último, há uma entrega à preparação para libertação do corpo físico, em que já aparecem sinais mais evidentes de sua decadência e, de outro modo, abrem-se novas possibilidades de percepção, tanto espiritual como evolutiva.

A descrição dessas etapas da vida é, entretanto, genérica e, por isso, merece alguns alertas. Em primeiro lugar, a longevidade cronológica não assegura a vivência de todas as fases com a mesma nitidez. Às vezes, esgotada a motivação da terceira fase, o indivíduo "retorna" à segunda como uma forma de autossatisfação, ainda que não a reviva integralmente.

Trata-se da vivência de uma segunda adolescência que, às vezes, persiste até a velhice. Outro alerta é relativo às possibilidades pessoais do psiquismo. Uma parcela dos indivíduos mal vivenciou adequadamente a experiência da segunda e terceira fase e, por isso, seu horizonte evolutivo máximo se encontra nesses estágios.

É inútil esperar desenvolvimentos significativos além delas, pois não há ainda anseios do mesmo tipo. Além disso, muitos viverão readaptações e reestruturações de comportamentos e buscas interiores em cada uma das primeiras fases já citadas, por não as terem vivenciado adequadamente, e terem construído sistemas antievolutivos, destrutivos e, portanto, patológicos.

18
O despertar do espírito

EM RECENTE ENTREVISTA À REVISTA VEJA, O zoólogo Richard Dawkins – autor de livros de popularização da ciência e admirador da teoria da evolução de Charles Darwin – afirmou que a religião desaparecerá gradualmente em função do esclarecimento humano através da educação, e que a existência de Deus é, na melhor das hipóteses, uma necessidade do homem para se sentir confortável diante da morte.

Quando indagado por que um cientista da envergadura de Einstein defendia um sentido de religiosidade na ciência, ele explicou que o que estava sendo chamado de religiosidade era o espanto, a admiração diante da natureza e de suas leis, e não uma crença religiosa qualquer.

Deus seria dispensável para a compreensão do Universo, e o fato de atender ao desejo humano de conforto frente à finitude não faria Dele uma realidade ou verdade existencial. Tal leitura suscitou-me algumas reflexões sobre o tema.

18

Para iniciar, lembro que há uma ideia inadequada sobre a natureza do conhecimento científico. Supomos que ele é um retrato cada vez mais verdadeiro de uma realidade que acreditamos existir. Essa concepção já não se sustenta mais e, admitimos, em concordância com Einstein, que os cientistas e suas teorias se assemelham mais a artistas do que a fotógrafos da realidade.

A percepção do mundo é uma construção da mente humana, mas nunca a realidade em si mesma. Aliás, vários filósofos já dissertaram sobre as possibilidades da razão e concluíram que não há fatos, mas percepções interpretadas a partir de eventos.

Por mais estranha que nos pareça a tese de que a realidade percebida é uma construção, a experiência, tão cara ao saber científico, corrobora tal assertiva. Assim, pode-se compreender por que em épocas e culturas diversas surgiram diferentes percepções para os mesmos eventos.

Como para nós, espíritas, a mente é expressão do psiquismo em marcha evolutiva para Deus, é natural que nossas percepções, além de diferentes, sejam transitórias.

Nossa concepção de evolução é mais abrangente que aquela proposta pelos biólogos. Aceitamos os seus enfoques, porém entendemos, a partir de informações espíritas, que eles são restritos à parte possível de ser percebida pelos sentidos em consciência de vigília.

Nossa descrição da evolução inclui o lado invisível do processo, que é a marcha do espírito, do átomo ao arcanjo, para recordar um dos trechos de *O livro dos Espíritos*.

Deve-se acrescentar às informações dos biólogos a influência do mundo espiritual nos processos de geração de novas espécies, com sua capacidade modeladora, descritos no livro *A caminho da luz*. Desse modo, entenderemos melhor os problemas das grandes mudanças evolutivas e sua teleologia.

Em nossa tese, a evolução visa criar formas que permitam a manifestação cada vez mais plena do ser espiritual. Na matéria bruta já há presença do princípio inteligente do Universo e ela tem seu processo próprio de evolução, até que se constitua vida vegetal e animal.

Tal como ocorre da matéria à vida – uma mudança significativa na expressividade do espírito, com o surgimento de organismos que desenvolveram sensações e instintos –, também o surgimento do pensamento, da linguagem, do mundo simbólico e da cultura torna o fenômeno humano muito peculiar e diferenciado na marcha ascensional do espírito.

Ele expressa uma crescente e complexa conscientização sobre a existência física, percebe a finitude do mundo corporal e vive atualmente entre a angústia do não ser ou do desconhecido, após a morte, ou a percepção tranquilizadora de sua natureza intrínseca imortal.[86]

---

86 J. Herculano Pires, no plano dos debates filosóficos, escreveu uma obra ímpar – *O ser e a serenidade*, fruto de sua dissertação de mestrado apresentada na USP – em que ele trata das possibilidades de se vivenciar a serenidade, maduramente, mesmo no estado de

O espírito, através da evolução, continua criando outras formas de expressão não materiais e não percebidas pelos sentidos tradicionais, fazendo surgir outros estados de consciência, a exemplo da intuição, da mediunidade, da ultrafania e da consciência cósmica, configurando novas realidades.

Apesar de compreendermos como válidas as teorias evolucionistas em vigor, não podemos esquecer que elas refletem o mundo restrito dos cinco sentidos, interpretados pelo intelecto. Com essa limitação na gênese do saber, é claro que as conclusões não podem ser melhores ou mais abrangentes.

O progresso do ser espiritual faz aparecer novas percepções da suposta realidade fenomênica. Nossa previsão é de que, após a superação evolutiva da razão, já acontecendo em seres humanos normalmente conhecidos como gênios ou santos – verdadeiros mutantes na civilização –, a existência de Deus e a religiosidade serão percebidas com a mesma certeza com que se acredita na realidade material.

---

encarnado. É deste autor as três proposições do "serenista": 1) procura sempre a perfeição; 2) nunca se deixa abater; 3) eleva-se sempre às circunstâncias.

19
Consciência de ser espírito

NA TRADIÇÃO CRISTÃ, HÁ O RELATO DO ENcontro entre um jovem rico e Jesus. Ele perguntou ao Mestre o que deveria fazer para alcançar a vida eterna. A indagação parece-nos de alta pertinência para quem já se saturou da vida no reino da impermanência, caracterizado pela dominação do tempo e submetido à lógica dualista do nascimento-morte.

Essa pergunta faz-nos supor que ele desejava experimentar a consciência de ser espírito. A resposta de Jesus, afirmando ser necessário vender todos os bens, repartir o resultado com os pobres e segui-Lo para alcançar um tesouro capaz de assegurar a realização do seu desejo, é desafiadora e faz-nos refletir sobre uma questão fundamental para a vivência da vida eterna: o desapego.

A inconsciência de nossa condição essencial, espírito, decorre de nossa aderência ao mundo transitório das coisas, das ideias, dos valores e das emoções. De tal forma nos vinculamos a este mundo, que passamos a identificá-lo como realidade. É como se fôssemos atores representando uma peça no grande teatro da vida efêmera, e encarnássemos tão bem o personagem, que terminaríamos por esquecer nossa identidade original.

E, simultaneamente, passaríamos a viver as dores, os sofrimentos, as ansiedades, as compensações e as alegrias desse personagem. Acontece que ele vive num mundo aparente, submetido a certas ameaças de perdas, até mesmo da própria existência. E isso é angustiante, matriz de um sistema de permanente defesa de si mesmo, que, finalmente, termina superado em algum ato da peça da vida.

Reconhecer-se espírito é adquirir a consciência da realidade original, ser capaz de separar, na analogia anterior, o ator permanente do personagem transitório. Essa é a tarefa central de quem pretenda a iluminação divina. Ela é motivo de atenção na história da humanidade, desde os ensinamentos budistas relativos à libertação do sofrimento, até as recentes propostas de desidentificação da psicologia transpessoal.[87]

---

87 A desidentificação diz respeito ao processo de nos distanciarmos de uma identificação automática com aspectos transitórios da experiência –pensamentos, emoções, papéis sociais, corpo físico, personalidade. Busca-se vivenciar uma dimensão mais elevada, essencial do ser. O distanciamento, na prática, possibilita desenvolver a capacidade de observarmos as experiências do mundo físico sem nos confundirmos com elas. Em vez de dizer "sou ansioso", digo: "percebo a ansiedade se manifestando em mim". Isso cria um espaço entre o eu observador (a consciência) e a situação ou o objeto observado (o conteúdo da experiência).

Quiçá, seja esse o mais profundo objetivo das comunicações mediúnicas ao nos demonstrar, pelo menos, a sobrevivência corporal como primeiro passo para a superação da nossa inconsciência de ser espírito.

Toda essa problemática decorre do fato de nos apegarmos aos instrumentos de manifestação do ser, longamente elaborados no processo evolutivo, que ocorre no mundo da temporalidade.

E o que foi construção do espírito – criação estruturada no mundo das formas materiais, mentais, valorativas e emocionais – adquire tamanha autonomia, por inexperiência de seu construtor, que passa a comportar-se como se ele não existisse. O espírito é então percebido em posição invertida, isto é, como propriedade do indivíduo. A linguagem cotidiana expressa perfeitamente essa inversão, pois é comum se ouvir: "meu Espírito", "minha alma".

Entre os trabalhos prioritários do autoconhecimento, condição necessária à realização pessoal, está o labor da desidentificação do "personagem" e a conscientização da vida do "ator". Tal processo visa tornar clara, na dimensão do ego, a natureza essencial do ser.

Somos algo que transcende o tempo e o espaço; somos seres além das formas e das mutações, que criamos como parte de um processo de tornar manifesta nossa riqueza potencial. Assim, tudo o que existe pode ser percebido pelo ser – que está além de toda ordem manifesta –, sem haver necessidade de identificação com ela.

Esse labor pode obter melhores resultados se nos dedicarmos a exercícios periódicos apropriados. Eles consistem usualmente em experimentarmos momentos de meditação centrados na impermanência do mundo existencial. Por exemplo, podemos dedicar alguns minutos de nossos dias a um recolhimento físico para observarmos as mutações do corpo.

Recordaremos quantas formas ele já teve desde a sua gênese, quanto se modificaram e renovaram seus componentes e, por último, como sua presença é recente e transitória na história do planeta; e, apesar de tantas transformações, o senso de identidade persiste.

A seguir, vamos evocando as múltiplas emoções e como elas são efêmeras e, por isso, não asseguram a identidade. Depois, fazemos o mesmo com pensamentos e valores, reconhecendo seu caráter passageiro.

À medida que formos percebendo a transitoriedade do mundo de nossas criações, com que tanto nos identificamos, dele nos vamos desapegando, pois, simultaneamente, apreendemos, no nível da consciência atual, o que somos essencialmente.

Como consequência, passamos a perceber em primeiro lugar os obstáculos que então emergem dessa prática. No início, a retração do campo mental em relação ao mundo exterior favorece a percepção do corpo físico e de suas sensações, o que fortalece a tendência à identificação e à fuga do exercício.

Em seguida, as emoções tomam conta da consciência e, pela evocação presentificamos o passado, também tendendo à identificação. Mais tarde, os pensamentos tornam-se nossos problemas, por associações de ideias, dispersões e presenças obsessivas.

Todos esses obstáculos serão progressivamente superados com a repetição do exercício. Vamos aprendendo a observá-los como papéis nas representações do teatro da vida e não mais como a realidade. Então, reconheceremos aquele que percebe, o ser que somos, além das suas manifestações. Progressivamente se instaurará uma percepção do ser como alegria, leveza, naturalidade, amor, plenitude e inteireza.[88]

É importante lembrar que os grandes mestres espirituais, até mesmo Jesus, ensinam-nos que essa é a nossa verdadeira natureza, ora afirmando nossa condição original divina, ora nos lembrando da transitoriedade da existência e das posses, meras aparências frente ao legitimamente real. Do esforço pessoal, depende a conquista dessa consciência, indicador de libertação do tempo e de suas criações aparentes.

---

88 Em *A memória e o tempo*, obra atemporal de Hermínio C. Miranda, há um relato de um ritual iniciático ocorrido nos tempos de Ramsés II, resultado de uma regressão de memória, mostrando-nos que, desde tempos imemoriais, em muitas civilizações, buscou-se a transcendência. No passado, o processo de aquisição dos poderes de autodomínio e autoconsciência estava ao alcance de uns poucos iniciados. Hoje, felizmente, é possível múltiplos caminhos de autoiluminação sem a seletividade exclusivista das práticas da Antiguidade.

20
Ser e imortalidade

O TEMA EM FOCO É DE GRANDE RELEVÂNCIA, pois toca em questões filosóficas fundamentais, como a natureza íntima do ser, a condição temporal humana, a sobrevivência, a vida espiritual, as interações e as diferentes formas de existir do espírito.

Tais questões prestam-se a abordagens científicas, filosóficas, religiosas, artísticas e existenciais, compatíveis com a natureza transdisciplinar do conhecimento espírita, acrescidas das possibilidades interexistenciais de investigação, o que nos permite vislumbrar, se assim procedermos, a riqueza que o evento pode apresentar.

Estudando o ser e a imortalidade, o movimento espírita poderá melhor avaliar o estágio de consciência em que ele se encontra em relação à percepção do que é ser espírito e de sua contribuição para sua supremacia em relação à matéria.

À observação acurada parecerá que ainda vivemos, predominantemente, com a consciência centrada no mundo das manifestações corporais. Mesmo quando trabalhamos com a dimensão chamada mundo espiritual, fazemo-lo como se ela estivesse restrita às possibilidades do espaço e do tempo, classicamente descritas como categorias da mente humana, estruturantes e limitadoras da nossa percepção de totalidade do real.

E ainda, quando atuamos na área mediúnica de um modo geral, essa convivência não afeta, em larga escala, nossos hábitos de vida; na maioria das vezes, nos tem despertado para uma reavaliação de comportamentos com receio de consequências desagradáveis após a morte ou garantia de uma vida futura menos difícil.[89]

É muito frequente transferirmos para os desencarnados parte da responsabilidade na resolução de nossos problemas comuns, esquecidos de que suas origens se encontram em nossa pequena consciência espiritual, e que, mesmo quando resolvidos, reaparecerão em outras roupagens.

---

89 Podemos inferir que possa haver estágios a serem vivenciados e superados, conforme o autor vem expondo: o primeiro, primitivo, baseia-se ainda no antigo sistema punição/recompensa, em que as ações são motivadas pelo medo das consequências ou pela busca de benefícios futuros; um segundo e terceiro estágios estariam focados em responsabilidade e compensação emocional (mais maduro, mas ainda transacional), até que nos libertemos de culpas e compensações, atuando por propósitos genuínos e experimentando alegrias espontâneas. Isso se alinha à proposta ética do espiritismo, conforme defendida por Cosme Massi: a prática desinteressada da caridade.

Não é de estranhar que na prática ainda vivamos atrelados emocionalmente a dois marcos referenciais: o nascimento e a morte – comemorando o primeiro e temendo o segundo. Como consequência, adotamos uma postura de apego ao que nos assegura maior longevidade física e bem-estar temporal.

E, em função do apego, caracterizamos as mudanças inerentes ao existir, na dimensão temporal, como perdas e ganhos, sendo as primeiras majoritárias, dolorosas e de maior fixação na memória.

O saber decorrente das comunicações dos desencarnados e das vivências de vidas passadas, validadas pela psicologia transpessoal, contribui para ampliar a consciência do real. Ele é extensivo a múltiplas dimensões do mundo espiritual, anteriormente percebido como céu, inferno e purgatório.

Contudo, ainda assim, conservamos a percepção limitada ao aspecto material das dimensões do mundo dos desencarnados. Eles são identificados pelo corpo semimaterial chamado perispírito, ainda invisível e imponderável aos sentidos usuais e, portanto, submetidos aos processos de mutações, acréscimos e reduções, característicos da matéria.

Tão curioso quanto lamentável é verificar que muitos desencarnados nem sequer têm consciência da dimensão em que se situam, e nem a morte consegue expandir sua percepção do real.

A concepção espírita do ser é imaterial. O espírito, como essência, é o princípio inteligente do Universo, uma centelha divina, para utilizar uma metáfora.

Como tal, não pode ser diretamente percebido pela mente humana, ela própria uma manifestação existencial do espírito na marcha evolutiva de suas expressões.

Pesquisar o espírito por meio das funções psíquicas dominantes – intelecto e sentidos – é impraticável. Suas manifestações, contudo, podem ser percebidas; entre elas, destaca-se a existência do mundo espiritual, o que já representa uma enorme contribuição à mudança de concepção do real, com consequências ainda insuspeitas para a sociedade.

Novas funções psíquicas que podem estar desabrochando na humanidade permitirão, no futuro ou além dele, a compreensão do que hoje é ser espírito – apenas lembrado, mas não vivenciado como ser imortal, criação divina.

Reconhecer-se espírito é adquirir a consciência da realidade original, ser capaz de separar o ator permanente do personagem transitório. Essa é a tarefa central de quem pretenda a iluminação divina. Ela é motivo de atenção na história da humanidade, desde os ensinamentos budistas relativos à libertação do sofrimento, até as recentes propostas de desidentificação da psicologia transpessoal.

Quiçá, seja esse o mais profundo objetivo das comunicações mediúnicas ao nos demonstrar, pelo menos, a sobrevivência corporal como primeiro passo para a superação da nossa inconsciência de ser espírito.

III

DO MUNDO ESPÍRITA OU MUNDO DOS ESPÍRITOS

III

[...] as almas não são senão os Espíritos. Antes de se unir ao corpo, a alma é um dos seres inteligentes que povoam o mundo invisível, os quais temporariamente revestem um invólucro carnal para se purificarem e esclarecerem.

ALLAN KARDEC

***O livro dos Espíritos*, questão 134b**

21
O mundo dos Espíritos

DESDE A GRÉCIA ANTIGA DISCUTEM-SE OS ENganos do conhecimento sobre a realidade última do ser e do mundo. Entre os melhores exemplos dessa discussão, encontra-se a "Alegoria da Caverna", apresentada por Platão. Em sua narrativa, ele analisa o entendimento dos homens que viviam nesse ambiente, sem jamais terem conhecido a luz do sol e o mundo do lado de fora.

Platão descreve prisioneiros acorrentados desde a infância em uma caverna, voltados para uma parede onde veem apenas sombras projetadas por objetos que passam atrás deles, iluminados por uma fogueira. Para esses homens, as sombras são a única realidade.

Quando um dos prisioneiros consegue se libertar e conhece o mundo exterior iluminado pelo sol, após um período de adaptação dos olhos, descobre que sua experiência anterior era uma mera projeção de pessoas que passavam pelo lado de fora da caverna.

Assim, dizia o filósofo, acontece com aqueles que se dedicam ao estudo das formas e da matéria, que são a sombra do mundo das ideias, onde está o que é essencial, permanente, perfeito.

A crítica platônica sobre os erros do conhecimento pode ser analogamente comparada com a concepção do espiritismo sobre o mundo espiritual. Normalmente, percebemo-nos como um corpo e vivemos e tomamos decisões baseadas nessa percepção.

Nosso conhecimento dominante concentra-se na dimensão material da existência, e nossos esforços são dirigidos ao controle desse mundo, considerado na prática como a realidade. Mesmo quando algumas filosofias e doutrinas religiosas apregoam uma vida imortal, fazem-no utilizando-se de alegorias, símbolos e imagens com muitas características materiais.

Seus seguidores normalmente levam uma vida social e psicológica não muito diferente de outras pessoas, demonstrando que não são afetados significativamente por sua fé religiosa ou filosofia.

O conhecimento espírita sobre o tema, produzido através de comunicações mediúnicas sistemáticas e sob a orientação do controle universal, demonstra que o mundo dos Espíritos preexiste e sobrevive a todas as transformações materiais.

A restrição da nossa consciência, que obscurece fatos decorrentes de nossas experiências reencarnatórias, aliada às concepções limitadas sobre nós mesmos, constitui a causa de muitos sofrimentos. Soma-se a isso o processo da encarnação no mundo corporal, que nos faz esquecer nossa condição essencial de Espírito.

O mundo, usualmente descrito como espiritual, ainda guarda a aparência de matéria, ainda que sutil, mas sujeita às leis das transformações, obviamente adequadas ao seu contexto. Quando apresentado nas comunicações para a linguagem humana, sofre adaptações para tornar possível sua compreensão. Assim é que encontramos descrições de cidades e paisagens naturais, muitas vezes com detalhes que nos fazem pensar que nada mudou.

À medida que experimentamos o contato com o mundo espiritual, à semelhança do que ocorreu com os grandes navegadores do passado, descobrimos que ele é muito mais complexo do que aparece inicialmente e exige do observador um crescente desenvolvimento de suas percepções, ou novos olhos para enxergar novas realidades.

O contato competente com entidades espirituais permite-nos identificar de imediato muitas diferenças substanciais em suas comunicações. Isso exige que o estudioso logo compreenda que a revelação dos Espíritos reflete seu grau de adiantamento na trajetória da evolução.

Allan Kardec logo percebeu tais diferenças e elaborou uma escala espírita com três ordens e dez classes, utilizando-se do método classificatório, muito comum nos estudos científicos.

O mundo dos Espíritos da ordem inferior, ou terceira ordem, é composto por seres inclinados predominantemente para o mal, tanto quanto irrefletidos, maliciosos, pseudossábios e perturbadores. Suas experiências do mundo espiritual são tão materializadas que pouco contribuem para nosso esclarecimento.

Os Espíritos da ordem intermediária, ou segunda ordem, apresentam elevado conhecimento das ciências, uma sabedoria expressa em qualidades morais e uma linguagem em que predominam a benevolência e o respeito às limitações humanas. Neles, prevalece o desejo do bem. Seus informes, porém, não podem ultrapassar a zona limítrofe de aprendizagem dos encarnados com quem se comunicam. Não dão importância à identificação da sua personalidade, pois o foco de interesses já se afastou do mundo material.

A consciência de ser Espírito só é plenamente atingida pelos Espíritos de primeira ordem, ou Espíritos puros, pois que já se despojaram das limitações da matéria. Estão livres de provas e expiações; libertaram-se do ciclo reencarnatório; realizam a vida eterna no seio de Deus, conforme descrito em *O livro dos Espíritos*.

Pode-se afirmar, portanto, que, pelo modo como vive a civilização contemporânea, ainda estamos deslumbrados com as sombras que compõem nosso jeito materialista de estar no mundo. Mesmo os que se dedicam à espiritualidade, galgaram, apenas, alguns degraus da escala espírita.

Ainda assim, já aprendemos que informações provenientes dos Espíritos precisam ser analisadas com cuidado, pois a origem não é garantia de qualidade; além disso, o grau de evolução dos estudiosos define as possibilidades da presença de Espíritos superiores.

22
A constituição humana

AS INFORMAÇÕES COLHIDAS MEDIUNICAMENTE por Allan Kardec salientam que o mundo essencial é o dos Espíritos, porquanto preexiste e sobrevive à matéria. Eles são a individualização do princípio inteligente do Universo. Para os sentidos físicos, não possuem forma, substância, peso e extensão, características do mundo material.

Nem por isso deixam de ser algo. Pertencem a uma outra dimensão ainda inconcebível à compreensão humana. Por falta de terminologia adequada, os orientadores espirituais dizem que são incorpóreos e, como tal, nada material se constitui-lhes obstáculo.

Também esclarecem que o Espírito, por analogia, desloca-se com a velocidade do pensamento, estando presente onde este se fixa. E como pode irradiar os pensamentos em várias direções, pode dar a impressão de que se dividiu, mas trata-se de uma aparente ubiquidade ou ocupação simultânea de vários espaços.

22

Um envoltório semimaterial muito plástico e influenciável pelos atos mentais envolve o Espírito: o perispírito. Ele é também o laço que permite a união com a matéria.

Assim, na concepção espírita, há nos seres humanos três partes essenciais: o corpo físico ou soma, com os predicados biológicos conhecidos; a alma, também referida como Espírito encarnado, essência individualizada, criada por Deus; e o princípio intermediário entre Espírito e corpo, já mencionado.

Esse modelo trinitário serve de base para explicar muitos fenômenos incompatíveis com o modelo biológico tradicional.

Um primeiro exemplo é a experiência fora do corpo – também chamada de projeção da consciência, ou viagem astral. Ela consiste na sensação de estar afastado do corpo físico e, em alguns casos, este pode ser observado. A consciência, geralmente acompanha um segundo corpo semelhante ao primeiro – uma espécie de duplo do seu organismo somático.

Nesse estado, ela pode visitar locais espacialmente reconhecíveis ou não, físicos e não físicos. Tais eventos podem ser espontâneos, facilitados por doenças, sono, estados alterados da consciência ou provocados por fatores não naturais como choques físicos, torturas, drogas, entre outros. A literatura sobre esses eventos é vasta e apresenta casos documentados das percepções fora do corpo, posteriormente comprovadas.

Uma variante desse fenômeno é a experiência de quase morte. Nesse caso, o indivíduo, em parada cardíaca, e, consequentemente, sem função da vida de relação, é naturalmente submetido aos procedimentos médicos de ressuscitação. Ao retornar, relata suas vivências, algumas delas envolvendo conversas dos profissionais de saúde, visitas a parentes e, principalmente, relatos de um mundo não físico. Alguns informes sobre eventos no mundo material, dados por esses pacientes, foram comprovados.

Um segundo exemplo é a memória extracerebral, principalmente nos casos que apresentam marcas de nascença.[90]

Os estudos de lembranças espontâneas de vidas passadas, como também é conhecido o fenômeno, pode ser facilmente compreendido, se identificarmos no perispírito o repositório das experiências pregressas, particularmente aquelas que são traumáticas.

---

90 Dr. Ian Stevenson, pesquisador da Universidade Duke, investigou casos de crianças que pareciam lembrar de vidas passadas, especialmente aquelas com marcas de nascença que correspondiam a ferimentos da vida anterior. Stevenson não afirmava ter provado a reencarnação, mas sim que seus casos eram "sugestivos" dela. O seu livro mais conhecido é *20 casos sugestivos de reencarnação* (o pesquisador investigou mais de 600 casos). Ele focou em crianças que apresentavam marcas de nascença ou deformidades que coincidiam com ferimentos fatais em pessoas falecidas, cujas vidas eram lembradas por essas crianças.

Desse modo, pode-se compreender como as recordações estão presentes numa personalidade humana, cujo corpo não vivenciou aquela história, como também explicar algumas lesões congênitas. A mesma explicação serve para as descobertas relativas às regressões a vivências passadas, hoje reconhecidas como um ramo da terapia psíquica.

Um terceiro exemplo é a constituição de formas humanas através da ectoplasmia. A exteriorização de tal material por um sensitivo permite o surgimento de personalidades já falecidas, detectáveis pelos cinco sentidos e fotograficamente, denominadas materializações.

Os informantes espirituais do século XX afirmam que o perispírito funciona como um modelo organizador biológico, sendo responsável pelo desenvolvimento do corpo físico desde a fecundação, causando a adequada diferenciação celular, que permite o surgimento de vários tecidos e órgãos a partir de uma única célula.

Ele é parte da complexa fenomenologia mediúnica. Na verdade, o Espírito, em si mesmo, é uma incógnita para o nosso nível de percepção, ainda limitado a nossos órgãos de interação com a realidade objetiva. Os sensitivos percebem seu envoltório, fruto de sua construção espiritual.

Esse modelo humano, quando mais profundamente pesquisado, subsidiará as aprendizagens em educação e saúde, as discussões sobre a morte e a sobrevivência corporal, e até mesmo a investigação histórica. Nosso conhecimento nesse campo, apesar de muito limitado, é promissor, pois é capaz de fornecer uma base a diferentes observações, ainda carentes de uma hipótese explicativa consistente.

23
Descrições do mundo espiritual

DURANTE MUITOS SÉCULOS, A CIVILIZAÇÃO ocidental sustentou a noção de uma realidade independente. O conhecimento verdadeiro era então considerado a adequação do pensamento ao mundo dos sentidos.

Após a descoberta de que os sentidos humanos são passíveis de muitos enganos, e que a razão possui um modo próprio de perceber as informações sensoriais, concluiu-se que a realidade, se existe, não é passível de conhecimento direto.

O observador apreende os fenômenos, que são a suposta realidade modificada pelo ato de observar. Desse modo, podemos dizer que nosso saber é relativizado pelos instrumentos da nossa observação, sejam os sentidos, a razão ou outra função psíquica. Não há mais como separar o conhecimento do conhecedor. Essa é também uma verdade da física quântica, que demole o mito da objetividade dos modelos clássicos de ciência.

A percepção da dimensão espiritual, em nosso entendimento, depende também do observador. Como há diferentes níveis de desenvolvimento das faculdades mediúnicas que permitem uma percepção interexistencial, é natural que os relatos da realidade do mundo espiritual variem bastante.[91]

Outro fator importante é o grau evolutivo do médium, que o faz sintonizar com diversas faixas espirituais, as quais abrangem desde os Espíritos ignorantes e ainda coniventes com o mal, até aqueles purificados e identificados com Deus. Daí, o cuidado em estabelecermos consensos, a partir de relatos de diferentes médiuns e Espíritos.

Outro problema é a forma como comunicamos nossas experiências relativas ao mundo espiritual. Estamos tão acostumados, na vida cotidiana, a trabalhar com as categorias mentais de espaço e tempo – baseados na ciência newtoniana –, que tendemos a codificar nestes termos qualquer informação.

Não devemos, portanto, nos surpreender ao constatarmos que as descrições espirituais usam tal linguagem sistematicamente, como se o mundo espiritual e o físico fossem a fotografia e seu negativo.

Já sabemos que o mundo material é uma aparente realidade sensório-racional, às vezes denominada de ilusão, "*Maya*" ou "*Matrix*", dependendo do modo como é observado. É compreensível, portanto, que aceitemos os

---

91 Como observado por alguns estudiosos, os médiuns, a depender de alguns traços constitutivos – país de origem, religião que professam, grau de escolaridade – podem filtrar ou selecionar e até mesmo rejeitar informações trazidas por intermédio deles.

relatos espirituais, mais como uma analogia da mente do que como uma descrição perfeita da realidade, pois esta última exige os sentidos plenos, a nosso ver, somente existentes na consciência dos Espíritos puros.

Em suma, a percepção da realidade, tal como ela é (ou o conhecimento numênico), só é possível na onisciência divina ou na integração com Deus.

Assim, quando ouvirmos alguém dizer que viu um Espírito junto a outra pessoa, está, na verdade, tentando traduzir para a mente cotidiana uma proximidade espiritual não espacializada – uma sintonia entre duas consciências.

Nessa afirmação, devemos recordar que não se trata de percepção direta do Espírito, mas de uma manipulação do fluido universal realizada por ele, para tornar algumas características identificadoras através de seu perispírito.

Ao ouvirmos falar em regiões espirituais, devemos recordar que não se trata de terras e águas que existem independentes da presença de Espíritos. Ao contrário, podem ser projeções fluídicas das consciências afins aglomeradas, que conferem estrutura e significado aos fluidos espirituais, que dessa maneira podem ser percebidos pelos médiuns.

O mesmo problema ocorre com o tempo. Nossa mente trabalha com a noção de presente, passado e futuro, num fluir unidirecional. No entanto, esse não é o único modo de perceber essa dimensão. Nossa experiência sobre os sonhos já nos revela outras modalidades temporais.

Da mesma sorte, não podemos entender as citações cronológicas sobre o mundo espiritual das comunicações mediúnicas como se os Espíritos fossem regidos pelos fenômenos cronobiológicos terrestres. No máximo, são analogias facilitadoras para o parco entendimento humano. Isso não lhes reduz a importância, à semelhança do que ocorre com as parábolas e as fábulas que encerram ensinamentos preciosos, sob a forma de alegorias.

Do mesmo modo, quando ouvimos falar em céu ou inferno, como lugares de duração eterna, estamos diante de uma linguagem figurada. Trata-se de um estado de consciência relativo, que aparece ao ser como permanente, enquanto sua percepção não se altera. Parafraseando um poeta – é eterno enquanto durar.

Quando indagamos aos Espíritos em suas primeiras encarnações humanas sobre o mundo espiritual, eles descrevem situações semelhantes à vida na selva. À medida que evoluem, começam a viver experiências inenarráveis, pois não existem correlações possíveis com a vida terrestre.

Por isso, limitam-se a informar o possível – aquilo que pode tornar factível o progresso humano. É compreensível, portanto, por esse motivo, a dificuldade dos sensitivos de mais elevado nível espiritual, em nos traduzir suas experiências espirituais.

Às vezes, nos falam em linguagem paradoxal, como: "ouvi ditos indizíveis", "escutei palavras impronunciadas", "entrei na escuridão luminosa", "era tudo e nada ao mesmo tempo"... Tais formulações apenas refletem a pobreza da nossa mente e da nossa comunicação.

Para resolver tal problema, conhecemos apenas uma alternativa: desenvolver nossa consciência como Espíritos.

24
Objetivos da encarnação

A VIDA DE ESPÍRITO EM EVOLUÇÃO PODE SER descrita como um ciclo reencarnatório. Ora estamos utilizando um instrumento físico – o corpo –, ora permanecemos sem ele. Nessa segunda condição, preservamos nossa identidade através do perispírito, o elemento semimaterial que nos permite interação no mundo espiritual.

Cada uma dessas imersões no mundo corporal possui o objetivo geral de nos aproximar da perfeição. Assim, as vicissitudes da vida corporal são exercícios apropriados para o desenvolvimento das qualidades espirituais e uma oportunidade de preparação para nos tornarmos aptos a participar do projeto de Deus para o cosmo.

Mesmo não tendo plena consciência, estamos trabalhando para o progresso da obra divina como um todo, ao tempo que nos burilamos através das aprendizagens decorrentes de nosso agir no mundo.

24

As encarnações dos Espíritos, entretanto, variam ao infinito em termos de objetivos específicos, pois estes dependem do estágio evolutivo já alcançado.

Alguns indivíduos nascem para aprender a viver em comunidade, pois não conseguiram ultrapassar a fase de autoconstrução pessoal e ainda são principiantes em solidariedade, respeito às normas sociais e regras de convivência. Seus atos são egoísticos e seu enfoque da vida é de quem sempre se sente ameaçado. Limitam-se na vida a satisfazer suas necessidades fisiológicas e de segurança.

Quando suas experiências encarnatórias anteriores foram fortemente destrutivas, tendem a fixar na memória espiritual as cenas de que participaram, e podem apresentar alterações psíquicas ou orgânicas de grande porte.

Quanto a essas alterações, o inverso, entretanto, não é verdadeiro, pois Espíritos de escol às vezes escolhem corpos bem limitados para demonstrar o grau de perfeição que já alcançaram.

Outros Espíritos encarnam para desenvolver qualidades afetivas em pequenos círculos de relações sociais e assumem responsabilidades pela preservação da espécie, através da constituição da família e sua rede de interações.

Embora também cuidem de suas demandas pessoais relativas à sobrevivência, seu raio de ação, em termos de cuidado, estende-se a outras pessoas, principalmente aquelas vinculadas por laços consanguíneos e agregados.

Desse modo, tornam-se sustentáculos emocionais e econômicos desses grupos e atuam como gestores de seus problemas. Algumas vezes, recebem sob sua tutela outros Espíritos em estágios reeducativos como filhos, cônjuges e, às vezes, pais, o que lhes permite desenvolver a tolerância, a aceitação das limitações e a amorosidade, superando o egocentrismo.

Na maioria das vezes, ainda esperam pelo menos gratidão, e por isso são vítimas desse desejo, resíduo do velho egoísmo. À proporção que aprendem o valor da incondicionalidade nos afetos, libertam-se da inveja, do ciúme e da mágoa, e alcançam novas realizações espirituais.

Em menor número estão os Espíritos que elegem como objetivo de vida uma missão social. Seu papel é fazer avançar a experiência humana de uma forma mais abrangente e, por isso, tendem a acrescentar algo de novo ao modo de existir em relação à média da população na comunidade em que se situam.

Carreiam para si uma maior responsabilidade sobre a vida, pois, além de satisfazer às demandas dos estágios precedentes, lidam com a possibilidade de criar evolutivamente. Para esses seres, estar no mundo é um sacro ofício e, ao mesmo tempo, uma atitude de sacrifício.

Eles devem impulsionar o progresso, movidos por intenções superiores que não são do domínio comum e, em razão disso, conhecem de perto o fenômeno de rejeição. Em princípio, são mais solitários e às vezes considerados inaptos para o modo de viver social predominante.

Aprendem, assim, a confiar numa consciência de profundidade – presença de Deus na intimidade da psique – que lhes permite saber se estão realizando o essencial em seu projeto de encarnação.

Esses três grandes grupos de objetivos podem ser modificados durante o decorrer da encarnação, em função da fase da vida. Na infância e na adolescência, predominam as motivações fisiológicas e de segurança; na vida adulta, as demandas relativas ao afeto, à procriação e ao pertencimento; após a meia-idade, surgem os interesses humanitários, as buscas de integração espiritual e as maiores doações sociais.

Essa descrição, entretanto, refere-se ao termo médio da população. O nível evolutivo do Espírito ao encarnar influencia decisivamente o modo como agimos em cada fase da vida. Também é uma variável relevante o grau de aproveitamento que cada um apresenta, ao ser submetido às provas da existência.

Portanto, podemos ter adultos ainda prisioneiros de comportamentos egoicos, assim como crianças que já demonstram alto grau de percepção do outro.

Qualquer que seja a nossa situação no mundo, somos alguém importante no concerto universal e temos uma missão a cumprir a cada dia. Tanto melhor será se tivermos consciência dessa missão e a realizarmos no limite superior de nossas possibilidades. Assim, garantiremos que nossa encarnação foi um investimento bem-sucedido.

25
Finados

APESAR DE SABERMOS QUE A VIDA NO MUNDO físico é transitória, quando a morte chega à casa, o povo faz alarido, conforme uma cantiga popular. Evidenciamos, assim, o nosso despreparo para lidar com esse fenômeno fatal, inexorável e universal.

Alguns de nós tememos o sofrimento durante os momentos antecedentes; outros, nos assustamos com a perspectiva do desconhecido; e ainda outros, lamentamos as perdas dos nossos prazeres e posses.

Materialistas e espiritualistas, em maior ou menor grau, vivemos a angústia da morte.[92]

---

92 Ana Cláudia Quintana Arantes, em sua obra *A morte é um dia que vale a pena viver*, afirma que os pacientes que lidam melhor com a morte são, paradoxalmente, os que podemos conceituar como ateus não militantes, pessoas que não tiveram base religiosa, mas eram afetuosas e tiveram atitudes solidárias ao longo de suas vidas.

25

Isso decorre de um problema fundamental: ainda possuímos uma consciência limitada da nossa condição essencial de Espírito e de nossa destinação última – a perfeição.

Esclarece o espiritismo que o mundo espiritual é o original e poderia, até mesmo, continuar existindo, caso o mundo físico desaparecesse, pois este último é um laboratório da evolução de caráter transitório, estando tudo nele sujeito ao fenômeno da impermanência.

Entretanto, como nossa consciência de ser Espírito ainda é, em grande parte, uma ideia ou pensamento – e muito pouco uma convicção ou experiência –, mesmo entre aqueles que se consideram seres imortais, medra o sentimento de medo diante da morte.

A existência física é apenas um ato na grande peça da vida, que é contínua e se desenrola em vários palcos, como afirmam os instrutores espirituais. Essas explicações são corroboradas pelos que desenvolveram a faculdade mediúnica ou viveram experiências de quase morte. Esses indivíduos, frequentemente, superam o temor da morte e tendem a modificar seus valores na direção da bondade, da beleza, da verdade, da justiça e do amor, conforme vários relatos.

Pelo que já sabemos, as relações com o mundo dos Espíritos são contínuas, embora pouco percebidas. Não estamos sozinhos. Uma nuvem de testemunhas nos envolve e interage conosco, obedecendo à lei das afinidades, aos vínculos de afeto e às possibilidades de comunhão decorrentes do nível evolutivo.

Conquanto possamos usufruir do livre-arbítrio, nossas decisões são influenciadas psiquicamente por seres desencarnados afins. Frequentemente, durante o sono, entramos em contatos mais intensos com eles para aprender e experimentar prazeres não vivenciados durante o dia ou, ainda, para lidar com desafetos em verdadeiras perseguições espirituais.

Na verdade, a desencarnação não nos transporta para outro mundo, pois nele nos encontramos mesmo quando na vida corporal. Subtrai a condição de nos apresentarmos no mundo do espaço-tempo segundo os tradicionais sentidos físicos.

Quando essa compreensão for assumida com maior nitidez, verificaremos que estar encarnado é limitante. O corpo físico funciona como um redutor de percepções. Podemos compará-lo a um vestuário apropriado a certas regiões do cosmo, mas inadequado para o entendimento de sua totalidade.

Acontece, porém, que ao restringir as percepções, o corpo físico facilita a construção de uma consciência corporal que encobre a espiritual. Passamos a sentir nele a única realidade existencial e a temer seu desaparecimento.

Os sucessivos ciclos de nascimento e morte vão, progressivamente, ampliando a noção do que é ser Espírito e estabelecendo a sua supremacia sobre a vida corporal. À medida que isso ocorre, nascer torna-se um aprisionamento, e morrer é encarado como libertação.

Evidentemente, estamos referindo-nos àqueles que utilizam adequadamente a encarnação para exercer suas tarefas evolutivas. Alguns estudos psicológicos já sinalizam para a veracidade de tal informação, corroborando a tese espírita, como demonstra a pesquisa de Helen Wambach, publicada no Brasil como *Vida antes da vida*.

Reservar um dia por ano para homenagear os desencarnados é uma atitude facilitadora de crescimento, desde que acompanhada de um sentimento de respeito e oração. Dessa forma, auxiliaremos na melhoria das condições dos que estão em sofrimento e reforçando o bem-estar dos que desfrutam da harmonia espiritual.

Mais significativa será a celebração se nos comprometermos com a imitação de suas virtudes, a superação de mágoas e de sentimento de perda, o desapego de suas lembranças materiais e a conscientização da própria finitude.

Tempo tão específico reflete, porém, muita inconsciência espiritual, pois nos fixamos em manifestações durante um único dia e ignoramos que nossas vivências interexistenciais são contínuas. Ainda assim, trata-se de um passo importante para percebermos nossa condição essencial de Espírito.

26
Recordando vidas passadas

OS ARGUMENTOS FILOSÓFICOS SOBRE A EXISTÊNCIA da reencarnação, em vários momentos da história, têm conseguido convencer boa parte da humanidade acerca da realidade desse fenômeno. Ainda assim, persistem muitas objeções, destacando-se a ausência de lembranças de outras vidas.

Essa ausência pode ser justificada de várias maneiras.

Em primeiro lugar, simplesmente ressaltamos que nossa memória em consciência de vigília, mesmo desta encarnação, é muito restrita, pois limita-se a eventos afetivamente marcantes, descartando fatos triviais. Há uma seleção natural de memórias, necessária para viabilizar a ação da consciência normal e não a sobrecarregar com informações desnecessárias à resolução dos problemas cotidianos.

Vale lembrar que as lembranças da vida atual tendem a ser mais nítidas, pois elas decorrem também da participação dos sentidos e do sistema nervoso atual – estrutura corporal que nos permite interagir com o mundo.

26

Entretanto, quando adentramos o inconsciente pessoal por meio de técnicas de autoconhecimento ou de análise psicológica, constatamos a existência de um mundo que normalmente não aparece em nossas lembranças do cotidiano.

Às vezes cenas da infância e da adolescência reaparecem – situações vividas e posteriormente negadas pela consciência – num verdadeiro sistema de proteção da psique.

Em segundo lugar, do ponto de vista do projeto evolutivo da vida, com base na lei de Deus, essa ausência de lembranças atende à finalidade de nos preservar das situações desagradáveis vivenciadas em outras existências e de experiências difíceis com pessoas que hoje convivem conosco. Essa amnésia reparadora permite uma reestruturação das relações.

Assim, atenuam-se as emoções dos grandes dramas afetivos que já vivemos no passado, usualmente com desfecho negativo, quiçá trágico. Agora, em nova oportunidade reencarnatória, estamos nos reeducando.

Afinal de contas, são raros os Espíritos em evolução na Terra que já superaram a faixa dominante do egoísmo e suas consequências nefastas no campo da sobrevivência física e afetiva. Recordar o passado representa, portanto, retomar o conhecimento de muitas dores e culpas, na maioria dos casos.

Em terceiro lugar, essas lembranças podem ocorrer de várias maneiras, espontâneas ou provocadas, duradouras ou transitórias, ricas em detalhes ou apenas como percepções genéricas. Isso tem motivado muitos pesquisadores a estudar tal tema com uma abordagem de natureza científica.

A título de exemplos mais conhecidos e abalizados, lembramos algumas investigações que se tornaram referências.

Os estudos sobre lembranças espontâneas de vidas passadas e marcas de nascença, com destaque para o indiano Hemendra Banerjee, o norte-americano Ian Stevenson e o brasileiro Hernani Andrade.

Eles reuniram alguns milhares de casos, ao longo de meio século, em todas as principais culturas, relatando recordações de outras vidas, passíveis de comprovação por investigações posteriores.

Eliminaram, através de testes, em uma parcela desses casos, as explicações concorrentes – que variavam desde a simples fraude a sofisticadas hipóteses de criptomnésia, ou possessão paranormal com personificação –, demonstrando que há casos que somente a reencarnação pode explicar.

As lembranças provocadas de vidas passadas também foram objeto de estudo científico, destacando-se pesquisadores como Morris Netherton, Hans TenDam, Edith Fiore, Albert de Rochas, Roger Woolger, que utilizaram essa abordagem com fins terapêuticos, constituindo um novo campo de trabalho na resolução de problemas psíquicos.

Merece destaque o trabalho de Helen Wambach, que publicou uma pesquisa qualiquantitativa sobre tais lembranças. Com uma amostra superior a mil voluntários, demonstrou que essas lembranças, quando comparadas aos conhecimentos estatísticos de distribuição de sexo e de renda, e hábitos de vida em diferentes épocas da humanidade, são bastante congruentes com os estudos antropológicos e biológicos vigentes.

Um estudo de caso de um personagem da história motivou o pesquisador brasileiro Hermínio de Miranda a publicar o livro *Eu sou Camille Desmoulins*, após 20 anos de investigação sobre as informações obtidas em estado de transe de um amigo seu.

Um trabalho que também pode ser citado pelo pioneirismo na Bahia é o de nosso conterrâneo Oswaldo José Leal, que, como médico, usou a técnica de hipnose em várias situações clínicas e relatou 39 casos de vidas passadas, estudados desde 1957, em seu livro *Vidas anteriores*.

Um novo estudo sobre a dinâmica da memória palingenésica foi recentemente publicado por Amit Goswami sob o título *A física da alma*, baseado nos princípios da mecânica quântica.

Esse breve resumo de pesquisas alerta-nos para a necessidade de mais estudos, com vistas ao uso adequado dessa ideia, principalmente no campo educacional e terapêutico e no entendimento da história dos povos.

27
Estudos sobre reencarnação

O ESPIRITISMO, NA CONCEPÇÃO POPULAR E mesmo entre organismos governamentais, é entendido como uma religião com seus dogmas, rituais e símbolos. Esse imaginário é reforçado no Brasil pelas práticas predominantemente centradas no socorro espiritual e material que as instituições espíritas normalmente desenvolvem ao atender ao apelo da caridade.

Assim, o movimento espírita venceu as resistências sociais do século XX, superou as perseguições policiais e religiosas de outrora, e se firmou no cenário nacional. Os ganhos obtidos não invalidam, entretanto, a percepção de que a doutrina ainda não floresceu em toda a sua plenitude gnosiológica.

O preço da aceitação social foi a negligência quanto à natureza complexa do modo como o espiritismo produz conhecimento. Em se tratando de uma corrente de pensamento, pioneira na reintegração dos diferentes saberes, seus métodos de pesquisa e aprendizagem apresentam enfoques científicos, filosóficos e religiosos, com repercussões na arte e no comportamento pessoal e social.

Não se trata, portanto, de uma clássica forma de religiosidade ou um modelo específico de ciência, ou ainda uma produção filosófica tradicional. A nosso ver, é uma síntese cultural e metodológica, caracteristicamente transdisciplinar. Qualquer tentativa de comparar a doutrina espírita com uma forma específica de saber é reducionismo inaceitável.

Vale recordar que o saber espírita prima pela inclusividade, é renovável, aproveita as informações da cultura humana e as relaciona com as contribuições das comunicações mediúnicas.

Um projeto de estudo da reencarnação explicitará melhor as assertivas anteriores. Para estudarmos esse tema sob a perspectiva espírita, devemos abordá-lo pelos enfoques já mencionados, ou seja, como pesquisa científica, reflexão filosófica e experiência religiosa. Podemos realizar essa abordagem no momento atual com riqueza de métodos.

A pesquisa científica está expressa em quatro desenhos de investigação: o método de Helen Wambach, de verificação de lembranças de vidas passadas, em estados alterados de consciência, comparando as particularidades passíveis de análises estatísticas em grandes grupos, cujos resultados foram publicados no livro *Recordando vidas passadas*; o desenho de estudo de Ian Stevenson, sobre lembranças espontâneas anteriores à gestação e marcas de nascença, com verificação das informações e eliminação de hipóteses explicativas concorrentes; o estudo de caso proposto e realizado pioneiramente por Alberto de Rochas, publicado no início do século XX e posteriormente usado com modificações por Hermínio Miranda e Morris Netherton; e, por fim, os terapeutas de regressão a vivências passadas.

Os trabalhos realizados por meio da leitura de médiuns sobre a memória integral do consulente – nos moldes do sensitivo Edgar Cayce – e as análises de reencarnação feitas através de comunicações mediúnicas, com posterior comprovação de dados obtidos, constituem importantes fontes de investigação.

Entre as reflexões filosóficas, podemos recordar três vias alternativas de demonstração da reencarnação: a via socrática, caracterizada pela lei dos contrários, e detalhadamente explicitada nos diálogos do livro *Fédon* de Platão; a análise de Allan Kardec, intitulada "Pluralidade das existências", em *O livro dos Espíritos*, fundamentada na justiça divina; e a abordagem centrada nas leis da vida, que valida os caminhos de máximo resultado com mínimo consumo de energia, encontrados em várias obras de Pietro Ubaldi.

No âmbito da religião, recordamos que nosso conceito sobre ela difere das práticas consignadas como religiosas, que são exotéricas e, portanto, vivem dos relatos dos verdadeiros experienciadores religiosos, que vivenciam momentos de alteração das consciências, anímicos, mediúnicos, ultrafânicos e intuitivo-sintéticos. Nesses estados, percebem a continuidade da vida e sua periódica imersão no mundo físico.

O consenso desses relatos constitui um critério de validação das informações obtidas, algumas das quais passíveis de orientar pesquisas científicas. Dos relatos mediúnicos contidos em *Memórias de um suicida* e *Missionários da luz*, obtemos informações capazes de suscitar observações práticas sobre dramas familiares, dificuldades físicas e perdas inesperadas – elementos de grande valia para a qualidade de vida das pessoas.

A arte literária descortina novos enfoques para o drama humano, enriquecendo-se com a perspectiva da evolução através das vidas sucessivas. De grande relevância para o autoconhecimento é o uso da introspecção e da análise da linha de evolução a partir das percepções das tendências e aptidões, interpretação dos sonhos e informes mediúnicos.

Assim, não precisamos esperar a morte chegar para redesenhar nosso plano de vida física...

28
Pesquisa mediúnica

A PUBLICAÇÃO DE *O LIVRO DOS ESPÍRITOS*, ocorrida em 1957, é lembrada nos ambientes espíritas como a primeira pesquisa multicêntrica,[93] realizada por Allan Kardec, nos domínios do espírito. Seus critérios de investigação baseavam-se na universalidade da informação e na coerência com o senso crítico ou razão.

---

93 Um estudo ou investigação de natureza multicêntrica é aquela que transcende um único local, reunindo esforços de várias instituições (ou pessoas) para responder, de forma mais ampla e robusta, a uma mesma questão. Suas principais características são, além dos múltiplos centros de coleta, a adoção de um protocolo comum, uma padronização na busca das informações, uma fonte única coordenadora. Graças a isso, alcança-se uma amostra de dados ampliada e diversificada, o que confere aos resultados uma maior robustez (validade e força estatística). Posteriormente à coleta, o tratamento e o refino dos dados possibilitarão, como no caso específico dos procedimentos adotados por Kardec, a seleção das respostas que se afinem entre si e componham um feixe coerente de orientações sob o ponto de vista dos princípios e valores que, desde o início, lhe guiaram os esforços.

28

Através de diferentes médiuns e em diversas localidades, Kardec obteve as notícias do mundo espiritual e as respostas filosóficas às suas indagações. Verificou, de saída, que a variedade cultural observada entre os indivíduos era também encontrada entre os desencarnados, o que o fez construir uma escala de qualidade ao receber as comunicações espirituais.

Em muitos casos, pôde conferir se a mesma entidade mantinha seus pontos de vista através de diferentes médiuns. Também investigou se pessoas influentes no seu século conservavam ou modificavam suas opiniões, após o desenlace físico.

Todo o conhecimento sobre o método de pesquisa utilizado foi sistematizado em *O livro dos médiuns*, mostrando as naturais dificuldades e como evitá-las ou contorná-las, mediante o treinamento adequado.

Publicou vários estudos de caso de situações vividas no mundo espiritual, demonstrando as relações com a vida precedente, principalmente no texto de *O céu e o inferno*. Chegou a criar algumas referências sobre como identificar mensagens apócrifas e advertiu quanto à relevância de realizar experimentos em condições seguras como qualquer ciência.

A pesquisa mediúnica encontrou diversos sucessores, destacando-se – pela complexidade e pouca frequência – os estudos sobre ectoplasmia realizados pelo cientista William Crookes, muito conhecido à época por suas contribuições à física e à química. Seus experimentos com a médium Florence Cook e o Espírito que se identificava como Katie King ainda hoje permanecem como referência histórica no âmbito das pesquisas psíquicas.

Após a devastação da Europa, provocada por duas guerras mundiais no século passado, essas pesquisas esmaeceram. Contudo, sob o manto da parapsicologia, ainda se mantiveram estudos sobre os chamados fenômenos *psi-theta* ou da morte.

O espiritismo foi praticamente esquecido na Europa e nos Estados Unidos, e perseguido nos países de regimes ditatoriais. Floresceu, basicamente no Brasil, com médiuns que ao longo do tempo contribuíram largamente para a elevação do conceito espírita na sociedade, destacando-se, no passado, Yvonne Pereira, Peixotinho, Ana Prado e Chico Xavier – para citar alguns que já desencarnaram.

A mediunidade também aflorou em não espíritas, como Zé Arigó – destacado médium conhecido mundialmente pelas curas realizadas. Sua trajetória foi registrada no livro intitulado *O cirurgião da faca enferrujada*, escrito por um médico norte-americano que analisou seu trabalho com alguns requisitos científicos.[94]

---

94 É importante darmos atenção ao filme *Predestinado: Arigó e o Espírito do Dr. Fritz*, estrelado por Danton Mello, baseado no livro *Arigó e o Espírito do Dr. Fritz*, do jornalista John G. Fuller.

Apesar de o Brasil ser considerado um celeiro da mediunidade entre espíritas e não espíritas, somos flagrantemente pobres em pesquisadores e resultados consistentes publicados.[95]

Exploramos mal esse promissor meio de comunicação interexistencial que é a mediunidade, terminamos por enquadrá-la, ora como superstição ou sugestão psicológica, ora como fenômeno sobrenatural, ou ainda como uma qualidade excepcional atribuída a seres humanos agraciados.

Na maioria das vezes, a mediunidade é colocada a serviço da caridade – o que por si só é benéfico –, mas, em muitos casos, a não observância das normas fundamentais de trabalho nesse laboratório do mundo invisível resulta em frustrações e perda de tempo e de recursos.

Além disso, a falta de domínio da metodologia científica tem dificultado o progresso das investigações, resultando em publicações, ora meramente especulativas, ora pouco consistentes.

Há algumas décadas, Espíritos que orientam o movimento espírita informam que aguardam a organização dos encarnados para trabalhar, em parceria, no âmbito

---

95 É um alento os trabalhos atuais realizados ou orientados por Alexander Moreira de Almeida, psiquiatra, professor da UFJF. Ele e sua equipe estão vinculados ao Núcleo de Pesquisas em Espiritualidade e Saúde – NUPES da citada universidade.

das pesquisas psíquicas. Como contribuição, escreveram vários livros que constituem compêndios científicos produzidos no mundo espiritual.

Observamos que este apelo está encontrando maior ressonância na comunidade espírita e algumas iniciativas já estão em execução com dois tipos de modelos: os laboratórios de pesquisa mediúnica e de transcomunicação – a exemplo do que foi criado pela Sociedade Hólon, em sua sede – e as pesquisas de campo da Associação de Medicina e Espiritismo da Bahia, em parceria com alguns centros espíritas.

No primeiro modelo, os envolvidos reúnem-se com o objetivo exclusivo de investigar e convidam médiuns que se disponham a fazer parte da pesquisa; no segundo caso, pesquisadores comparecem às instituições espíritas e estudam as reuniões mediúnicas e seus resultados, tal como ocorrem.

Esperamos que tais iniciativas se multipliquem, pois acreditamos ser um passo fundamental para o avanço da percepção da nossa condição essencial de Espírito, com consequências socioculturais relevantes.

Desse modo, resgataremos a epistemologia de Allan Kardec, adaptando-a à cultura contemporânea e enriquecendo o saber universal com novos e qualificados conhecimentos sobre a vida do Espírito.

29 O sono e os sonhos

APESAR DE PASSARMOS QUASE UM TERÇO DE nossos dias dormindo, o estado de sono – e os sonhos que nele ocorrem – não mereceu a devida atenção dos cientistas e profissionais de saúde. Somente em décadas recentes, surgiram laboratórios de fisiologia do sono para atendimento público e, mesmo assim, os conhecimentos produzidos por essas iniciativas não têm merecido a atenção desejável nos currículos das graduações afins.[96]

---

96 Sidarta Ribeiro, pesquisador do tema e vinculado ao Laboratório de Sono, Sonhos e Memória (Lab Sonhos) do Instituto do Cérebro (ICe-UFRN), tem preenchido, em parte, a lacuna apontada por Peixinho. Em 2019, ele publicou *O oráculo da noite*, com edições nos Estados Unidos (2021) e Inglaterra (2022), integrando história, antropologia e neurociência dos sonhos.

Ensina-nos, entretanto, *O livro dos Espíritos* que o período de sono possui, frequentemente, intensa atividade. Nele, realizamos desejos reprimidos, empreendemos projetos que mais tarde poderão tornar-se realidade no mundo físico e mantemos contatos com nossos afetos e desafetos espirituais.

Prosseguimos laborando em funções similares àquela que desempenhamos durante a consciência de vigília e continuamos aprimorando-nos em cursos de aperfeiçoamento. Além disso, treinamos regularmente o afastamento do corpo somático como uma espécie de preparação para a vivência da desencarnação.

Assim, podemos inferir que, apesar de não nos recordarmos plenamente, nossa vivência no mundo dos Espíritos é contínua, mesmo quando encarnados. São interessantes e enriquecedores os relatos mediúnicos referentes a trabalhos de desobsessão e auxílio a encarnados que prosseguem após o término das reuniões mediúnicas, com seus participantes mais lúcidos, durante o repouso físico noturno.

A natureza e a qualidade dessas atividades dependem da maturidade evolutiva do encarnado, do seu estado emocional nesse período da vida, e de seu comportamento na vida diária. Podemos afirmar que a qualidade do nosso sono vai depender dessas variáveis e, portanto, é passível de influência, melhoramento e criação de condições mais saudáveis.

Podemos também planejar, em estado de vigília, nossas atividades, embora nem sempre as realizemos, pois durante o sono o Espírito – mais livre da coerção do mundo físico – pode ter outros interesses e realizar outras escolhas. Essa é uma prática recomendável pela psicologia transpessoal, descrita como sonho lúcido.[97]

A dificuldade em recordarmos o que fazemos nesse período aparentemente decorre das limitações de uso do sistema nervoso, que não está adaptado funcionalmente para suportar experiências em duas dimensões existenciais, no estágio evolutivo em que nos encontramos. Ainda assim, alguns traços das ações na dimensão espiritual são recordados como sonhos.

Os sonhos podem ser classificados, para efeitos didáticos, em várias categorias de análise. Alguns são considerados decorrentes de necessidades fisiológicas; outros são expressões de demandas emocionais. Um terceiro grupo corresponde a vivências significativas no mundo espiritual, e alguns raros são evocações da memória integral, relativas às experiências de outras vidas.

---

97 Desde meados do século XIX, há interesse científico especificamente sobre os sonhos lúcidos. Em 1867, Marie-Jean-Léon – marquês d'Hervey de Saint Denys (1822–1892) – publicou *Les rêves et les moyens de les diriger: observations pratiques* ("Os sonhos e os meios de dirigi-los: observações práticas"), obra pioneira em que são descritas técnicas para reconhecer e influenciar os sonhos. É considerado o primeiro estudo sistemático do tema. Atualmente, prosseguem as pesquisas sobre o tema, tendo à frente o pesquisador Stephen LaBerge.

A vida onírica, entretanto, em suas representações, não utiliza a linguagem lógica do estado de vigília. Seu modo de expressar-se é simbólico. Afinal de contas, o que nos chega à consciência é uma tradução, uma releitura pela consciência de vigília dos eventos ocorridos. Por isso mesmo, carecem de aclaramento, de contextualização e de interpretação para sua mais ampla compreensão. Atribuímos a Freud o papel de reintegrar os sonhos no conjunto das vivências humanas relevantes, embora reconheçamos as limitações da sua teoria psicanalítica com análises pansexuais.

Os estudiosos da alma, posteriores, ampliaram bastante as possibilidades de compreensão das mensagens oníricas e difundiram técnicas facilitadoras para sua análise, ressaltando cada vez mais que o sonhador é o melhor intérprete dos seus sonhos.

Como produtos espontâneos das atividades psíquicas, eles são entendidos como auxiliares do sonhador, na viagem do autoconhecimento do sujeito, na busca de sua singularidade ou processo de individuação.

30
O que fazemos quando dormimos?

O QUE ACONTECE DURANTE O PERÍODO DE UM terço de nossas vidas que passamos dormindo? Nas últimas décadas, a ciência médica, através dos laboratórios do sono, esclareceu muitos aspectos fisiológicos do ato de dormir. Classificou o sono em fases e identificou aquela em que predominam os sonhos, medindo alterações fisiológicas.

Através de relatos verbais dos pacientes, verificou-se que uma parcela deles, nesse período da vida, experiencia fenômenos de quase morte, similares aos relatados por pessoas que sofreram parada cardíaca e foram ressuscitadas.

Cada vez mais, a qualidade do sono vem sendo valorizada como variável relevante na compreensão do estado de saúde e no adoecimento dos seres humanos. Aos poucos, o conhecimento sobre o saber dormir é popularizado, ainda que limitado ao aspecto biológico.

O ato de dormir nos remete ao mundo onírico e os sonhos, ao longo da história, foram objeto de análise e interpretação – mais recentemente, de estudos psicológicos. De um modo geral, as culturas antigas atribuíam um relativo valor ao conteúdo dos sonhos e chegavam até a criar círculos de análise diária para seu entendimento e obtenção de orientações na vida diária.

Algumas interpretações tornaram-se famosas pelo seu caráter premonitório, revelando acontecimentos futuros, como é o caso do sonho do faraó decifrado pelo personagem chamado José do Egito. O sonho, muitas vezes, foi considerado o portal da alma e, mais recentemente, a melhor via de acesso ao inconsciente.

Em diferentes enfoques, Freud e Jung utilizaram-se dos sonhos como parte do seu labor terapêutico. O primeiro via nos sonhos a expressão dos recalques ou repressões decorrentes da vida em sociedade e de necessidades fisiológicas durante o período de vigília; o segundo acreditava ser o inconsciente o fio condutor da existência, a ponto de afirmar que sua vida foi a história de um inconsciente que se realizou. Atribuía aos sonhos também o papel de sinalizador das necessidades psíquicas da pessoa e orientador do seu desenvolvimento no processo de individuação.

Todas essas informações compõem o mosaico do conhecimento atual sobre o que fazemos enquanto dormimos. Contudo, não esgotam os questionamentos sobre o tema, possuindo em comum uma limitação: a concepção restrita de ser humano e de mundo. Por não lidarem com a noção de homem como ser interexistencial e palingenésico, e por desconhecerem o mundo espiritual, não podem usufruir dos saberes decorrentes de duas técnicas: o transe mediúnico e a regressão de memória.

Por meio dessas técnicas, constatamos que o existir do Espírito é contínuo, e que a vida corporal representa, de fato, uma interrupção do estado de liberdade anteriormente alcançado por ele. Estar acordado no mundo físico é viver os momentos de maior aprisionamento da psique, com as maiores restrições à percepção da consciência.

O ato de dormir, genericamente, significa readquirir parcialmente essa consciência original num treinamento preparatório à libertação para a morte. A vida durante o sono pode ser fonte de conhecimentos através de contatos com entidades e instituições no plano espiritual, motivo de descobertas posteriormente trazidas para o mundo físico e realização de aspirações e desejos não conseguidos na consciência de vigília.

O que acontece enquanto dormimos está diretamente relacionado com nosso estágio de maturidade evolutiva e nosso foco mental e comportamental. Interessantes relatos sobre a vida durante o sono foram descritos no livro *Missionários da luz*, demonstrando o sem-número de atividades que realizamos em companhia dos desencarnados.

Para ilustrar, pinçamos quatro situações exemplares: a primeira refere-se a um senhor encarnado que, durante o jantar, fez comentários maledicentes sobre um amigo falecido, terminando por atraí-lo. Ao percebê-lo em estado onírico, sentia-se ameaçado de morte e vivenciava o que, em linguagem popular, chamamos de pesadelo.

O segundo personagem produziu tantas fantasias sexuais ao longo do dia que, durante o sono, encontrou-se com três entidades femininas viciadas nessa fonte de prazer, que não permitiam sua saída para compromissos espirituais mais elevados.

O terceiro, ao dormir, integrava-se a grupos espirituais de socorro a pessoas que necessitavam de fluido vital de encarnados para permanecerem mais tempo no mundo físico, atuando como doadores de energia, à semelhança do que ocorre nas transfusões sanguíneas.

O quarto participava de um círculo de estudos espirituais, preparando-se para atuar com mais eficácia nos trabalhos de desenvolvimento do potencial humano, quando em vigília.

Esses exemplos representam apenas uma pequena amostra da grande variedade de labores realizados durante o sono.

Ao contrário do que pensamos normalmente, esta fase da vida – o sono – é extremamente útil ao desenvolvimento da pessoa como um todo e fonte real de bem-estar ou adoecimento. Dos contatos espirituais que realizamos, podem resultar soluções para nossos problemas ou novos dissabores.

Daí, se tornar necessária a prática educativa de preparar-se para dormir, seja pelo comportamento mental elevado, seja pelas atitudes de oração.

31

A influência dos Espíritos em nossas vidas

QUANDO ESTAMOS COM UM CORPO FÍSICO – portanto, encarnados –, reduzimos significativamente nossa consciência espiritual. Tornamo-nos, em grande medida, prisioneiros dos sentidos corporais, e nossas percepções restringem-se ao mundo por eles delimitado. Essas percepções são acrescidas das interpretações realizadas pela mente, que opera codificada pelas categorias de espaço e de tempo.

Apesar dessas condições restritas de entendimento, continuamos sendo Espíritos. Ainda que focados na dimensão física transitória, permanecemos em nossa condição original de seres espirituais. Como tais, interagimos com Espíritos desencarnados, a ponto de se poder afirmar que usualmente eles nos dirigem na vida cotidiana.[98]

---

98 A qualidade da interação ocorrida entre um encarnado e os tantos desencarnados dependerá das condições que o encarnado propiciar, das tarefas que tem a cumprir, dos seus esforços em busca de sintonia elevada. Haverá interações simples, de guias e familiares, e outras de maior vulto ou complexidade, a depender da repercussão

As relações com o mundo dos Espíritos variam enormemente de grau, podendo ser uma simples inspiração de uma ideia trivial, amplificando nossos desejos, ou, no extremo oposto, uma participação ativa na criação de uma obra artística ou de uma teoria científica.

De modo geral, podemos afirmar que todos estamos em comunicação com os Espíritos, pelo simples fato de sermos um deles. À medida que superamos as condições de sobrevivência no mundo físico e desenvolvemos nossas faculdades psicológicas, passamos a ser mais influenciáveis, configurando uma condição geral de sensibilidade que justifica a frase: todas as pessoas são médiuns.

Uma maneira simples e frequente de interagirmos com os Espíritos dá-se através do pensamento. Se atentarmos para o que ocorre em nossa mente quando estamos em dúvida, em conflito ou indecisos, constataremos a existência de pensamentos contrários, argumentos opostos, muitos dos quais não demandam esforço para serem pensados.

Embora algumas ideias geralmente repetitivas possam ser atribuídas a automatismos psicológicos, outras são claramente oriundas de uma fonte diferenciada, dado o grau de inovação que apresentam.

---

dos atos e pensamentos do encarnado e, especialmente, do que possa estar sendo elaborado. Pelo fato de os desencarnados estarem desembaraçados das limitações humanas, os mais experientes dentre eles detêm um poder que, para nós, estará além de nossa imaginação. Graças ao poder de visão sistêmica, entre outros recursos, eles nos conduzem com segurança, ainda mais quando nos associamos vibracionalmente a eles.

Outra forma corriqueira de influência é o aguçamento de desejos alimentares, sexuais e de vícios, provocado pela presença de um Espírito em nosso campo psíquico. Há relatos que demonstram que muitos de nossos excessos decorrem da associação, por afinidade, com Espíritos que apresentam características e hábitos evolutivos similares.

De modo semelhante, somos estimulados à prática do bem, a adotar condutas socialmente produtivas e a buscar ambientes de desenvolvimento espiritual.

O ambiente familiar é um dos locais mais frequentes de atuação dos Espíritos. Todos possuímos uma rede de ligações espirituais, companhias benéficas ou maléficas, que participam do cotidiano de nossa vida.

É comum, portanto, encontrarmos alguns ancestrais influenciando nossas condutas, valendo-se do vínculo afetivo, para estabelecer contato mais direto conosco.

Além disso, benfeitores espirituais podem nos auxiliar até mesmo nos processos reencarnatórios, executando ações de aproximação de Espíritos para gestações futuras, influenciando na seleção de células sexuais ou evitando atitudes abortivas – sempre respeitando, naturalmente, os limites impostos pelo livre-arbítrio.

Muitos relatos mediúnicos apresentam casos de atuação dos Espíritos em ambientes de tratamento de saúde. As ações podem ter influências sobre o paciente no sentido de levá-lo a procurar determinado serviço; ou sobre o profissional de saúde, com a inspiração de um diagnóstico ou de uma prática terapêutica mais adequada para aquele paciente.

Existem, portanto, aspectos que são pessoais no adoecer que passam despercebidos pelos modelos médicos, padronizados por estatísticas de população. Também são numerosas as referências sobre intervenções de Espíritos em pacientes de um modo geral, sintonizados pela oração com seus benfeitores.

Inversamente, são comuns os casos de disfunções orgânicas e mentais, ampliadas pela presença de entidades perturbadas vinculadas ao paciente, geralmente através de sentimentos negativos.

Além disso, estão presentes na literatura mediúnica as ações em locais de lazer, nos educandários e, especialmente, nos templos em que, independentemente do credo religioso, ocorrem grandes interações espirituais movidas pela fé genuína e pelo sentimento enobrecido. Ações socorristas encontram nesses locais energias apropriadas para o seu desempenho.

Da experiência espírita resulta uma compreensão clara da nossa condição interexistencial. Nunca estamos a sós. Mesmo quando dormimos, e, até mais intensamente nessa condição, mantemos contatos espirituais. A vida onírica, em muitos casos, é uma conscientização, ainda que codificada em símbolos, de nossas incursões espirituais.

Também aprendemos a não temer os Espíritos. Afinal de contas, somos um deles. E temos um controle sobre a qualidade de nossas companhias. Pela natureza predominante de nossos sentimentos e pensamentos, podemos inferir com quem nos associamos.

32
Contatos com orientadores espirituais

É NATURAL QUE TODOS NÓS – ESPECIALMENTE os lidadores dos trabalhos mediúnicos – ansiemos por uma palavra dos Espíritos elevados. Entretanto, nem sempre tais presenças se manifestarão de forma muito ostensiva, através de um médium específico. Isso ocorre porque não é tão simples traduzir o modo de ser e perceber de outras dimensões, em linguagem captável pelo código humano, limitado pela estrutura biológica e pela experiência cultural.

A nosso ver, o Espírito evoluído expressa algo que vai sofrendo reduções, cortes e adaptações que tornam a mensagem e seu conteúdo um discurso trivial, ainda que relativo ao bem.

Acrescente-se às dificuldades técnicas da sintonia mediúnica os problemas de desconfiança relativos à identificação do Espírito, o desejo de direcionar a comunicação para seus interesses pessoais e o medo do médium em ser julgado mistificador. Teremos, então, uma ideia dos problemas ainda existentes nesses contatos espirituais.

Além disso, essa forma de comunicação subentende certa passividade evolutiva, pois desejamos que os orientadores venham até nós da forma mais concreta possível. Não nos apercebemos de que estamos querendo trazer para o mundo material a contribuição dos Espíritos numa via de mão única.

Olvidamos que é possível nos elevarmos até eles, com sua colaboração, para vivermos experiências espirituais relevantes. Essa via de acesso – nada desprezível, à medida que sutilizamos nosso psiquismo – já é utilizada com alguma frequência. O relato de uma experiência desse teor esclarecerá nossas assertivas anteriores.

Suave perfume invadiu o recinto. Ninguém ficou indiferente. Um a um os participantes da reunião sentiram que seu clima emocional se alterava para melhor. Em breves palavras alguns expressavam uma crescente sensação de harmonia interior.

Outros descreveram uma amorosidade inusitada. Mais alguns perceberam sentimentos de confiança na vida e um estado especial de bom ânimo.

A eloquência dos períodos de silêncio era suficiente para dar sentido à reunião. Cada um, a seu modo, aproveitava o momento, observando em si mesmo as intuições, os sentimentos elevados despertos, o clima psíquico vivido.

Sabiam, por convicção interior, que aquele era um encontro sem palavras, um diálogo das potências da alma, em

que a comunicação verbal só reduziria a profundidade e a amplitude do evento.

Sentiam-se levados a uma dimensão superior da vida, onde reinava a plenitude, a alegria, a vontade de servir, a comunhão, o anseio de desvendar os segredos da alma e do cosmo.

Inebriaram-se vivendo percepções indescritíveis, sensações inefáveis, e "ditos indizíveis".

Cessaram a desconfiança, o medo do mundo, as ansiedades cotidianas, as dúvidas existenciais.

Voltar desse estado para a trivialidade das questões diárias foi algo cansativo e doído. O mundo e suas querelas pareciam sem significado e sentia-se uma "saudade do paraíso". Entretanto, aos poucos, uma integração entre os dois mundos foi emergindo nas ações.

Estabeleceu-se um saudável equilíbrio e alguns envolvidos na experiência perceberam que seu dia a dia estava caracterizado por uma entrega aos desígnios de Deus, facilitada pelas recordações e pelo estado de oração.

E aproximaram-se da prática da perfeição possível, em cada momento de suas ações, mantendo coerência entre sentimentos, pensamentos, atitudes e palavras, todos conectados com a experiência espiritual original.

Onde passavam, faziam questão de servir e acrescentar alegria e esperança.

Entretanto, tal experiência esmaeceu-se com o tempo, pois ainda não era uma conquista individual definitiva. Todos, em certo sentido, estavam vivendo um fenômeno de incorporação dos sentimentos do orientador espiritual e, portanto, tinham um clima espiritual elevado graças aos subsídios recebidos.

A repetição de tais experiências torna possível que cada um transforme essa vivência em patrimônio pessoal. Assim, será possível viver o paraíso na Terra.

33

33

Psiquismo e evolução

PARA COMPREENDERMOS MELHOR O FUNCIOnamento do psiquismo humano, precisamos recorrer a um conceito basilar do espiritismo: a evolução. Ela aparece em *O livro dos Espíritos*, frequentemente descrita como progresso. Uma frase encontrada na publicação citada merece destaque: "na natureza tudo se encadeia, do átomo ao arcanjo, que começou como átomo."[99]

Em linguagem figurada, ela subentende um monismo essencial. O material e o imaterial, representados respectivamente por átomo e arcanjo, são manifestações de uma realidade última mais profunda – o princípio inteligente do Universo, Espírito ou psiquismo. Ele organiza a matéria, dá-lhe vida, complexidade e consciência. Ao fazê-lo, desenvolve afinidades, instintos e arquétipos como síntese de sua marcha evolutiva. Também acrescenta a suas

---

99 Allan Kardec, *O livro dos Espíritos*, questão 540.

manifestações mais autonomia, liberdade de expressão, capacidade de escolha e integração. A evolução começa na máxima fragmentação – a matéria – e marcha para a totalidade – Deus.[100]

Augusto dos Anjos, no *Parnaso de além-túmulo*, em versos, esclarece:

> **Donde venho? Das eras remotíssimas,**
> **Das substâncias elementaríssimas,**
> **Emergindo das cósmicas matérias.**
> **Venho dos invisíveis protozoários,**
> **Da confusão dos seres embrionários,**
> **Das células primevas, das bactérias.**

---

100 Peixinho reproduz, nesta obra, o que é muito próprio dos pensadores que viveram antes da compartimentalização dos saberes, desde o século XIX, da ciência fragmentada, tal como se apresenta contemporaneamente. Kardec é herdeiro da elaboração de textos em que se mistura o saber enciclopédico com o sabor dos ensaios filosóficos produzidos nos dois séculos anteriores a ele. Há um processo em curso, hoje, da busca de retomada do entrelaçamento dos saberes, o que muito contribuirá para as pesquisas psíquicas, cujos objetos de investigação não se limitam a fenômenos ou fatos a serem comprovados.

E Léon Denis afirma:

Caminhamos para as moradas eternas, onde a grande Lei nos chama. Vamos para a Luz, para a Sabedoria, para a Beleza. Ascendemos para Deus.[101] [102]

Nessa imensa viagem evolutiva, vão aparecendo, progressivamente, no superconsciente ou camada mais elevada da consciência, as aspirações oriundas da influência atrativa da totalidade.

Aos poucos, elas tomam expressão no nível consciente e, pelo esforço e vontade dele, surgem novos automatismos. Estes últimos são a expressão transmutada de ideais e aspirações. Quando coletivizados, transformam-se em condicionamento cultural e, se aparecem em toda a espécie, recebem o nome de instinto.

Portanto, o que hoje é instinto, no psiquismo, em alguma época foi esforço, construção laboriosa e, antes disso, anseio evolutivo.

---

101 Léon Denis, *O grande enigma*, cap. XIV – "Elevação" [texto adaptado].

102 Léon Denis agregou intencionalmente, como poucos, o seu esforço filosófico investigativo ao lado da produção escrita em prosa dotada de profundos traços poéticos, tal como um Victor Hugo e outros escritores contemporâneos a ele. Sabemos da importância da arte como elemento propiciador à comunicação mediúnica ou à produção de saberes nos campos da filosofia, da religião e da ciência.

Não estamos em férias no mundo. Viver bem significa dar continuidade à marcha evolutiva no limite do possível. Isso exige respeitar seu nível próprio de evolução. Como decorrência, é natural que os interesses evolutivos e suas expressões variem entre as pessoas e as culturas.

Como exemplo, tomemos a questão ética da sobrevivência. O ser primitivo só conhece a lei da superioridade pela força. Seu universo psíquico está ainda centrado, exclusivamente, na consciência de si mesmo, uma conquista evolutiva recente.

Os outros só existem como potenciais concorrentes. Na competição, vencerá o mais forte ou mais hábil na destruição. Para eles, matar ou morrer são fenômenos naturais sem sentimento de culpa.

Com a ascensão do psiquismo, sofistica-se a estratégia de sobrevivência, à medida que se desenvolve o senso de valor da experiência corporal. Quer-se viver, mesmo não sendo o mais forte.

Desenvolve-se a astúcia, e a força dá lugar à inteligência egocentrada.

Alguns criam direitos que os beneficiam e os regulam através de leis e organizações mantenedoras da ordem vigente. A maioria está excluída, mas ainda é impotente para modificar o estabelecido.

Com o evoluir dos Espíritos, todos vão aprendendo a ser astutos; torna-se difícil explorar os outros, mesmo que dentro da legalidade. De outro modo, esse hábito vai cansando alguns indivíduos, que sentem novos atrativos na evolução – o prazer de servir e a solução dos problemas da sobrevivência, a partir de uma consciência das necessidades coletivas, são alguns deles.[103]

Uma consciência de alteridade emerge cada vez mais forte, estendendo-se progressivamente até envolver todos os seres viventes e o próprio planeta. Valores como a paz, a reverência à vida e a amorosidade, nas suas múltiplas manifestações, despertam interesse cada vez maior.

Fortificam-se as profissões que defendem a vida dos mais fracos e aparecem muitas organizações solidárias. Progressivamente, aproximamo-nos da unidade do cosmo e nele nos integramos.

E o que antes era mera possibilidade do Espírito, no mundo fragmentado do átomo, tornar-se-á realidade plena em Deus, numa vivência de arcanjo.

---

103 Ideias simples como a relação "ganha-ganha" nos negócios e a busca da superação de todas as formas de precarização do trabalho humano e outros esforços semelhantes demoram a se incorporar coletivamente, de início trazendo conflitos entre as pessoas, mesmo que entre elas não se verifique práticas acentuadas dentro do *continuum* do que vai da competição à cooperação e suas tantas nuances.

A existência física é apenas um ato na grande peça da vida, que é contínua e se desenrola em vários palcos, como afirmam os instrutores espirituais. Essas explicações são corroboradas pelos que desenvolveram a faculdade mediúnica ou viveram experiências de quase morte. Esses indivíduos, frequentemente, superam o temor da morte e tendem a modificar seus valores na direção da bondade, da beleza, da verdade, da justiça e do amor, conforme vários relatos.

Pelo que já sabemos, as relações com o mundo dos Espíritos são contínuas, embora pouco percebidas. Não estamos sozinhos. Uma nuvem de testemunhas nos envolve e interage conosco, obedecendo à lei das afinidades, aos vínculos de afeto e às possibilidades de comunhão decorrentes do nível evolutivo.

IV

DAS LEIS MORAIS

IV

A moral é a regra de bem proceder, isto é, de distinguir o bem do mal. Funda-se na observância da Lei de Deus. O homem procede bem quando tudo faz pelo bem de todos, porque então cumpre a Lei de Deus.

ALLAN KARDEC
***O livro dos Espíritos*, questão 629**

34
O bem e o mal

ENTRE AS QUESTÕES FILOSÓFICAS E TEOLÓGICAS que mais motivaram discussões na história da humanidade está o problema do bem e do mal. Uma breve retrospectiva sobre as conceituações existentes, nas diferentes civilizações, constatará a grande diversidade de percepções sobre o bem e o mal, quanto à origem e sua caracterização na vida cotidiana.

Cada povo define o que é certo ou errado, o justo e o injusto, o ético e o antiético, em função da tradição, dos interesses grupais, habitualmente ligados à sobrevivência e, mais profundamente, a partir de uma cosmovisão.

Suas crenças sobre o mundo, sobre o significado da existência e seu devir, sobre o valor de si mesmo e do outro são algumas das variáveis envolvidas.

A civilização ocidental, em especial, é fruto de um amálgama construído a partir da filosofia grega, da organização romana e da fé cristã. Assim, idealmente, compartilhamos valores como a ordem, a paz, a reverência pela vida, a liberdade, a justiça, o amor. Inversamente, desaprovamos a desordem, a dominação, a destruição, o egoísmo e a violência, por expressarem nossa visão de mal.

Apesar disso, percebemos que sua vivência cotidiana é conflituosa tanto pessoal como coletivamente. A todo momento deparamo-nos com situações e fatos que podem ser interpretados como expressões do bem ou realização do mal, a depender do olhar do observador.

Um exemplo flagrante são as atitudes guerreiras de indivíduos e nações, percebidas diferentemente como legítima defesa ou espírito beligerante.

Qual a explicação para tão díspares interpretações? A resposta espírita aponta para a moral de um povo, grupo social ou indivíduo, como função direta do nível de evolução dos Espíritos, que a expressam em maior ou menor grau.

Quanto mais evoluído é o Espírito, mais próximo revela sua condição original de criação divina em suas expressões humanas, fazendo prevalecer os valores atemporais, universais e transcendentes, centrados na plenitude do amor.

Quanto mais ignorante é o Espírito, mais ocupado na autopreservação egoística, tendo o outro como ameaça à sua sobrevivência e, portanto, merecendo eterna vigilância e destruição no mundo físico.

Sabe-se também, através de informes espirituais, que as civilizações não são homogêneas em termos de nível evolutivo, nem entre seus membros, nem quando comparadas entre si ou em diferentes épocas. Tal situação permite a existência de grupos afins, mais ou menos adiantados, num mesmo espaço-tempo, quanto à vivência de sua condição espiritual.

Isso resulta na adoção de diferentes parâmetros para definir os atos de bondade e maldade no dia a dia. Como há uma dinâmica evolutiva impulsionando o progresso da humanidade, a moral humana é transitória.

Afirma Allan Kardec, no seu livro *A gênese*, que

> **[...] o que era outrora um bem, porque uma necessidade da sua natureza, transforma-se num mal, não só porque já não constitui uma necessidade, como porque se torna prejudicial à espiritualização do ser.[104]**

Assim, comportamentos considerados válidos numa fase evolutiva passam a ser negativos com o progresso do Espírito.

Se de um lado são exemplos os duelos pela honra, a tortura e morte de derrotados nas guerras, por outro lado, costumes e situações hoje vividas como naturais serão postas fora da lei e consideradas como crime de lesa-humanidade, a exemplo da existência de pessoas desempregadas, famintas e sem moradia.

---

104 Allan Kardec, *A gênese*, capítulo III – "O bem e o mal", "Origem do bem e do mal", item 10.

Mais adiante, serão incompatíveis com o nível moral da civilização a exploração psicológica, a dominação através de crenças amedrontadoras, a expressão de comportamentos de orgulho e egoísmo, entre outros.

Novos interesses motivarão as atitudes humanas, pois o Espírito terá superado a fase de aprendizagem em relação à sobrevivência biopsicossocioambiental e buscará vivenciar valores compatíveis com os estados de bem-aventurança.

Assim compreendido, apesar dos relativismos decorrentes do nível evolutivo, há uma forma de definir o bem de maneira absoluta: viver de tal modo que nossas ações nos aproximem do estado de plenitude ou, na linguagem cristã, nos permitam ser uno em Deus.[105]

---

105 No breve ensaio filosófico esboçado por Peixinho, neste capítulo, podem ser identificados elementos de progressismo social ao par de uma percepção filosófico-religiosa orientada por uma ética baseada na prática da caridade, como proposta pela doutrina espírita. Por outro lado, o seu aguçado senso de observação manifesta-se quando ele mostra existirem formas de violência simbólica, como as de "exploração psicológica" e "dominação através de crenças amedrontadoras" que, ainda hoje, quando apontadas, causam reações as mais díspares. Do mesmo modo, há diferenças irreconciliáveis de opinião quanto ao auxílio que se deva proporcionar às pessoas, seja em tempos normais, de paz e prosperidade, seja em face de conflitos ou decorrentes de cataclismos naturais. Isso varia de país a país, também. As conquistas de natureza comunitária de países ditos avançados socialmente, como os nórdicos, estão longe de serem compreendidas por pessoas de outras regiões.

35
Entregando-se a Deus

ENTRE AS SÁBIAS PALAVRAS DE JESUS, DESTAcamos um trecho da oração ensinada aos discípulos, que diz: "Seja feita a Vossa vontade" (*Mateus*, 6:10).

Essa afirmativa leva o indivíduo, aparentemente, a abdicar de todo o direito de decidir, entregando-se a uma submissão absoluta, a uma negação da liberdade de escolha ou a um estado de passividade.

Examinada, porém, com mais profundidade e reflexão, veremos que se trata de uma atitude de alto nível evolutivo, proveniente de uma compreensão mais rica da relação entre o indivíduo e o Criador.

Para admitirmos que deva ser feita a vontade suprema, é necessário desenvolver uma clara consciência de que somos seres contingentes, isto é, que existimos, mas poderíamos não ter existido.

Trata-se, portanto, de um estado de dependência original, genética, da Fonte Geradora da Existência. Não possuímos o poder de autodissolução nem de decidir pela não existência na dimensão do Espírito.

35

Como seres criados, mesmo portadores da marca divina, não possuímos a plenitude do saber para realizar as melhores escolhas, valendo-nos de instrumentos limitados de conhecimento, como a sensação, a emoção e a razão.

Nossas decisões, como geralmente ocorrem, são balizadas pelas experiências pregressas individuais, sociais e da espécie. Não representam acréscimos evolutivos; pelo contrário, tendem à repetição, à mesmice, à manifestação dos arquétipos e complexos.

A insuficiência de sabedoria leva-nos a perceber, simbolizar e interpretar o mundo sob o controle do ego – estrutura psíquica que garante nossa identidade pessoal, ainda desconectada, no atual momento evolutivo, do sentido de totalidade. Como consequência, emerge uma mundividência centrada no ego, ameaçada pelos outros e sem conexão com algo maior que nós.[106]

O resultado é uma previdência humana deficiente, que a cada passo tende a enfrentar reveses e novas fontes de dissabores. O ego, com uma consciência de temporalidade aguçada, vive para sua própria proteção e permanência.

---

106 É neste caldo de cultura ainda materialista, a despeito da adesão de muitos às religiões, que ideias em torno do aborto, da eutanásia e do suicídio assistido ganham força e se tendem a se naturalizar, se postas em prática, como já instituído em alguns países.

Porém, somos muito mais do que ego. À medida que crescemos em individuação, adquirimos uma progressiva consciência de transcendência e conseguimos perceber nossa natureza intrínseca com as características de ser para a vida eterna.

Passamos a vislumbrar o mundo transitório pelo olhar do que é permanente – o Espírito. O ego subordina-se à essência do ser.

Aprofunda-se o sentido de universalidade. Aparecem novos desenvolvimentos da consciência, que passa a experimentar intuições, inspirações e lampejos místicos.

Um poder supramental estabelece-se como guia e ordenador do estar no mundo. Progressivamente, emerge uma percepção de unidade com todos os seres. A individualidade da pessoa humana tende ao cósmico, à integração com o Universo, pois, de fato, tanto o indivíduo como o Universo são expressões simultâneas e inter-relacionadas de um Ser transcendente.

Nesse estágio de não separatividade, não é lógico fazer valer a vontade pessoal – limitada, mesquinha e primitiva. Ela agora se funde ao universico e adquire a consciência do divino.

Assim, a vontade de Deus para o indivíduo manifesta-se como realização em plenitude, prática da perfeição possível, renúncia à primazia do ego e, em compensação, vivência de sentir-se Espírito.

Um bom exemplo desse estágio parece ser a vida do convertido de Damasco, Paulo de Tarso, que afirmou em momentos distintos: "Já não sou eu que vivo, mas o Cristo quem vive em mim" (*Gálatas*, 2:20); e mais: "Em Deus estamos, Deus somos, e em Deus nos movemos" (*Atos*, 17:28).

Aprender a viver segundo a vontade divina exige um processo de metanoia.[107] É necessário redimensionar a prevalência do ego, ainda predominantemente corporal em nossas decisões, para permitir que se manifeste a consciência de ser Espírito.

Esse é um dos aspectos essenciais do autoburilamento, passível de ser acelerado pela meditação, pelos exercícios de desapego, pela captação de elevadas influências espirituais e pela autoanálise.[108] Dessas práticas, brotarão harmonias inusitadas, que facilitarão nossas escolhas cotidianas, cada vez mais sintonizadas com o propósito da vida, designado pela providência divina.

---

107 "Metanoia": mudança ou transformação na forma de pensar e agir; pode também referir-se à expansão da consciência, transcendência.

108 Podemos ainda complementar acrescentando a influência das pessoas que se tornaram inspiradoras em seus campos de ação (heróis e heroínas conhecidos ou anônimos), auxiliando milhões de Espíritos encarnados e desencarnados a perseverarem e a lhes copiarem as ideias, os gestos, as ações.

36
A função do trabalho

Ainda adolescente, ouvi uma mensagem espiritual que afirmava: "O trabalho enriquece a alma, e a alma enriquecida voa em busca de Deus". A constatação no mundo social, porém, era outra: o trabalho havia se transformado numa espécie de condenação, e o dom supremo de plasmar o mundo com a criatividade estava maculado pelo tormento insaciável da posse.

O mundo econômico tornou-se um campo de feroz competição e, não raras vezes, uma tentativa disfarçada de furto. Reduzido a uma necessidade econômica para assegurar a sobrevivência material egocentrada, o trabalho ainda não foi percebido como propulsor do progresso do Espírito, que é o centro dinâmico e valor máximo das construções eternas.

É admirável o dinamismo criativo da civilização contemporânea, que permite o conhecimento do Universo e plasma, a cada momento, uma miríade de novas formas de atuação. Porém, ainda é frágil a percepção do que é essencial, perene, pleno, definitivo: as construções que contemplam com sua energia a vivência de Espírito.

36

Não é estranho que, numa época em que a riqueza humana foi intensamente multiplicada e que, em tese, deveria assegurar um razoável bem-estar coletivo, ainda persistam tantos bolsões de miséria no mundo, e, pior, parte dessa riqueza é colocada a serviço da destruição física do homem e do planeta?

Na verdade, esse dinamismo é apenas a tarefa inicial de arar o campo da matéria, preparando-o para o florescimento das construções psíquicas. Como afirmava Maslow, o ser em evolução atende primeiro às necessidades fisiológicas e de segurança. A seguir, preenche os anseios de pertencimento e afeto e, por último, realiza a autotranscendência.

Enquanto, porém, não alcança esse último estágio de desenvolvimento, o ser transforma as relações em luta constante para dominar o mundo ou o outro de várias formas – o modo econômico é uma delas.

À medida que o ser evolui e toma consciência de sua natureza espiritual, o trabalho aparece como uma necessidade moral e uma função social, refletindo a necessidade de integração e participação no coletivo, que todo ser experimenta ao ampliar sua percepção de mundo, influenciado pela característica inclusiva do processo evolutivo. Mais que isso, o trabalho tem uma função biológica construtora, no sentido amplo da expressão, pois, além de criar órgãos exteriores como a máquina, gera automatismos pela repetição constante, incorporados ao subconsciente do psiquismo.

Além disso, através do trabalho, o indivíduo passa a agir de forma coordenada, participando do funcionamento orgânico da sociedade e fazendo emergir um novo estado de consciência integrado – passo essencial para a superação do egoísmo –, ao perceber-se parte de um todo maior que ele.

Ainda estamos na fase social de trabalho para obtenção do lucro. É esse um conceito estreito, limitado, que reflete o grau de primarismo da civilização. Assim pensando, somos capazes de conviver com a massa de excluídos, desempregados que, além da renda, perdem a autoestima, estigmatizam-se com a marca da incompetência e, ainda que nada façam de socialmente reprovável, escancaram a face dantesca da civilização centrada no lucro.[109]

O trabalho para o ser evoluído é concebido como dever e missão. Mais ainda, como instrumento de construção eterna, cujo fruto é pessoal, pois os verdadeiros ganhos são a aptidão desenvolvida, a capacidade adquirida e a função nervosa burilada. É recomendável que amemos o trabalho, como dizia Pietro Ubaldi, em *A grande síntese*:

> **[...] escola de ascensões, absoluta necessidade da vida, imperativo supremo da Lei de Deus, que condiciona o progresso ao esforço despendido.**[110]

---

109 O aprofundamento dos debates em torno do trabalho e da distribuição das riquezas faz-se ainda mais necessário, pois o ambiente já desafiador no mercado de trabalho está passando por rápidas e impactantes alterações decorrentes da crescente automação robótica e da massificação das "inteligências artificiais".

110 Pietro Ubaldi, *A grande síntese*, cap. 79 – "A lei de trabalho".

Na ética centrada na evolução do Espírito, é imoral quem se subtrai à própria função social de colaborar com o organismo coletivo. O ócio não é lícito, mesmo quando as condições econômicas permitem, pois a cada dia o Espírito precisa nutrir-se de atividades para reconstruir-se, enquanto participa do desenvolvimento coletivo.

Acumular bens pode ser considerado uma forma de furto – ainda que por vias legais –, porquanto as necessidades fisiológicas da maioria ainda não foram atendidas. Também é pobre em ética a sociedade ou o Estado que tolera a existência de desempregados e desamparados, mesmo após terem produzido no limite de suas forças.

No presente momento histórico, à medida que se fortalece a noção de responsabilidade social, intensifica-se a crítica aos que enriquecem por meio de facilidades no acesso ao erário público. A organização dos vulneráveis em grupos de pressão revela os estertores de uma concepção egocêntrica de vida – e quiçá anuncie a alvorada de uma nova compreensão: o valor do trabalho[111] como laboratório evolutivo da alma, instrumento da realização de Deus no mundo, através da ação humana.

111 Em *O livro dos Espíritos* há uma questão, aparentemente simples, mas que exige estudo e análise mais ampla. Vejamos: "675. Por trabalho só se devem entender as ocupações materiais? Não; o Espírito trabalha, assim como o corpo. Toda ocupação útil é trabalho." Peixinho, ao propor o trabalho como "laboratório evolutivo da alma" e "instrumento da realização de Deus no mundo", permite-nos compreender alguns aspectos do que seja uma ocupação útil, indo muito além da ideia de atividade produtiva voltada à manutenção da vida física.

37
Maternidade enobrecida

QUEM CONSEGUE DEDICAR SUA ATENÇÃO À GÊNESE do ser humano, movido pelo desejo de apreender tal fenômeno em sua totalidade, mesmo ao observá-lo apenas pela dimensão biológica, já encontrará motivos para ficar deslumbrado com sua complexidade e ordem.

O processo de fecundação – pela união dos gametas –, a multiplicação celular, o alojamento no útero, a diferenciação das células, a formação de órgãos específicos e a constituição de um organismo capaz de lutar pela própria vida logo após o nascimento, são fenômenos biológicos que merecem nossa reverência, tal a grandeza de que se revestem.

Mesmo nessa visão restrita à dimensão física, em função do sentimento despertado pelo saber, a preservação da vida poderia ser um imperativo inquestionável.

Para nós, espíritas, que reconhecemos o mundo material e seus fenômenos como uma cópia pálida do mundo espiritual, a gestação representa um acontecimento da mais alta responsabilidade, principalmente quando as forças procriativas dos pais estão aliadas a um desenvolvimento psíquico que os distancia da fase animal, em que a reprodução se efetua praticamente em função dos instintos. 37

Nesses casos, a maternidade e a paternidade são experiências sagradas. É a imitação, em plano menor, do poder criativo divino.

Há o envolvimento de entidades espirituais no planejamento da encarnação e no seu desenvolvimento, como verdadeiros especialistas desse processo. São realizados estudos de viabilidade do projeto de nascimento e escolhido o provável mapa cromossômico.

Tudo isso ocorre em função das necessidades evolutivas da futura criança. É realizada uma aproximação psíquica com o ambiente familiar, reestruturado o perispírito como molde corporal e trabalhadas as emoções desagradáveis dos envolvidos – quase sempre presentes – numa ação terapêutica familiar.

Vários encontros espirituais, durante o período de sono, servem para facilitar a integração entre os envolvidos e despertar nos genitores o sentimento de prazer e dever diante da missão que assumem.

Quando a gestação ocorre em lares bem estruturados, a união sexual revela-se como expressão singular da união de qualidades entre os cônjuges. Torna-se um canal de permuta de energias psíquicas elevadas, funcionando como alimento sublime para a inteligência e para o sentimento. É força criadora, não somente de filhos carnais, mas também de realizações construtivas para a vida eterna.

Após o início da gestação, o vínculo físico entre mãe e filho representa apenas uma parte do complexo processo de interação vivenciado por ambos. A mente materna participa ativamente, oferecendo suas energias para auxiliar na modelagem inicial e na integração do perispírito com o corpo físico, utilizando-se principalmente das horas de sono.

Nas primeiras semanas, a gestante deve adaptar-se às energias psíquicas do Espírito reencarnante, que, em muitos casos, carrega grande sofrimento, pois a maioria desses Espíritos experimenta medo de nascer, receio de esquecer compromissos assumidos, temor de reincidir em antigos vícios ou sente constrangimento em deixar o ambiente estável entre amigos espirituais.[112]

A literatura espírita é unânime em afirmar a relevância da maternidade como laboratório espiritual da evolução, defendendo vigorosamente o respeito à vida fetal.

---

112 Quanto a esses sentimentos experimentados antes de se renascer, são notáveis os relatos extraídos de regressões de memória pela Dra. Helen Wambach, autora de obras como *Vida antes da vida* e *Recordando vidas passadas*. Os relatos são resultado da coleta de impressões de Espíritos encarnados em transe hipnótico, portanto desdobrados e em condições de transcenderem as limitações impostas pela vida no mundo físico. Nas entrevistas que ela promovia, as pessoas relatavam com muita ênfase as angústias que antecedem a reencarnação, mais até do que os traumas experimentados em desencarnações anteriores. Nota-se que todo o trabalho da referida profissional da saúde mental não tinha vínculo de natureza religiosa.

Conforme *O livro dos Espíritos*, a prática do aborto somente se justifica quando há risco de morte para a mãe – situação hoje rara, graças aos avanços da alta tecnologia médica.

O reconhecimento de que a vida contemporânea é muito mais complexa psiquicamente, e de que a procriação ilimitada se tornou impraticável e desnecessária – já que não há risco de extinção da espécie por falta de nascimentos –, torna recomendável um planejamento familiar adequado para que a gestação não se torne um fenômeno indesejável, e o Espírito em processo reencarnatório não seja considerado um estorvo.

O intenso trabalho realizado pela figura materna na gênese do filho – que prossegue ao longo de muitos anos após o parto – merece, por parte dos descendentes e da sociedade um grande e especial reconhecimento.

Como lembra o escritor Plínio Salgado, em *A vida de Jesus*:

> **A mulher grávida leva um destino no ventre. A misteriosa geometria imanente de um corpo, de uma fisionomia, de um modo de ser. A centelha de um Espírito. A semente de um fato social, que se pode chamar um dia: revolução, revelação, genialidade.**

38
A sacralidade da vida corporal

É COMPREENSÍVEL QUE UMA SOCIEDADE GUIAda por uma ética materialista admita a pena de morte, legalize o aborto e libere a eutanásia. A visão do homem, nesse modo de pensar, restringe-o a um ser biológico, limitado por marcos referenciais: o início – a fecundação, e o término – a morte.

Tão estreita torna-se a faixa de tempo da vida, que gozar a existência, tanto quanto possível, torna-se o maior motivo da jornada humana. Como consequência, se a gestação é indesejada, admite-se interrompê-la. Se o homem comete atos socialmente inaceitáveis e é considerado criminoso irrecuperável, melhor eliminá-lo. Quando o sofrimento físico se torna incômodo, é razoável extingui-lo, em nome da boa morte.

Nada mais natural do que agir assim num contexto em que inexiste percepção do Espírito. É uma decorrência lógica da noção de homem-matéria.

Mas há outra possibilidade de definição sobre o ser humano: ele pode ser considerado uma entidade não física que age através da matéria e se desenvolve nesse esforço

38

de manipulá-la. Em linguagem apropriada, dizemos que somos um Espírito encarnado. Morte e renascimento, vida corporal e vida espiritual são eventos do ciclo global da existência do ser.

A princípio, essa afirmativa parecerá eminentemente religiosa. Entretanto as profundas mudanças conceituais sobre o mundo, nos estudos atuais da física, fazem emergir uma noção cada vez mais consistente de que a matriz do Universo é a consciência ou, pelo menos, a energia.

Em ambos os casos, a descontinuidade no tempo pode ser superada. Adicionem-se a essas informações os relatos provenientes da tanatologia, da psicologia transpessoal e da transcomunicação experimental – para citar algumas áreas recentes de investigação –, e perceberemos que a primazia da matéria, mesmo no domínio científico, não deve durar muito.

A tradição espírita vai mais longe ao nos identificar como princípio inteligente do Universo, em processo evolutivo, submetido ao ciclo da palingênese. Revela nossos antecedentes em relação ao nascimento e os eventos após a morte, através das várias formas de mediunidade.

Esses relatos, muitos deles submetidos a análises rigorosas quanto à veracidade, demonstram que a vida corporal é um dos aspectos do existir do Espírito. Valiosa como instância educativa, a vida corporal deve ser preservada ao máximo. Afinal, nela se reelaboram conflitos, resolvem-se traumas, desenvolvem-se potencialidades do Espírito, mesmo quando o corpo não é saudável. Daí a reverência pela vida que o espiritismo apregoa, e sua sacralidade.

Esse modo de pensar gera uma nova compreensão sobre os comportamentos humanos. Uma ética baseada na noção do ser humano como Espírito imortal entenderá o aborto legalizado, a pena de morte e a eutanásia como atitudes ingênuas, frutos da inconsciência espiritual dominante e, em muitos casos, complicadoras do futuro evolutivo.

Que resolve a pena de morte ao libertar o Espírito do corpo, se ele pode continuar influenciando outras pessoas para agir à sua maneira?

Que ganho traz o aborto, se mãe e filho podem continuar unidos pelo ódio provocado por tal ato, em processos cármicos e obsessivos?

Que vantagem pode-se obter da eutanásia, se o sofrimento do mundo físico continuar além do túmulo, em especial, nas pessoas muito apegadas à vida corporal?

À luz do saber espírita, emerge outra visão ética. Nela, toda violência, mesmo legalizada, é fonte de complexos distúrbios que atrasam a evolução da comunidade de Espíritos do planeta.

Consideramos mais adequado, na perspectiva espírita, exercitar o planejamento familiar, adotar medidas de isolamento físico para criminosos e preparar as pessoas por meio de projetos de educação para a morte. E, como medida mais importante, podemos desenvolver processos educacionais com base na noção de Espírito, sustentados em experiências sistematizadas de caráter mediúnico ou em vivências numinosas.

A não adoção da consciência espiritual como parâmetro das decisões apenas retardará o encontro com a felicidade, pois as condutas analisadas – ainda que respaldadas pelo apoio social – protelam a libertação do ser do ciclo das provações reencarnatórias. Por isso, recordamos que a maior missão do espiritismo é lançar luzes sobre a natureza do homem, superando as limitações da concepção materialista da vida.

39
O sentido da vida

PARA QUE EXISTIMOS? ESSA QUESTÃO É DE fundamental importância para mantermos nosso equilíbrio psíquico e conquistarmos um estado de felicidade.

Uma vida sem sonhos é uma vida sem alegria. A falta de objetivos na existência humana, como afirma Viktor Frankl, é capaz de desencadear processos patológicos, como a neurose noogênica – ou neurose por frustração existencial –, porta de entrada para estados depressivos.

Mesmo tendo aspirações na vida, a maioria das pessoas as coloca a serviço de três necessidades básicas: a fome, o afeto e o poder. Estruturam seus comportamentos como se o sentido da vida fosse exclusivamente sobreviver.

Primeiro, fisicamente, busca-se arranjar meios de subsistência econômica.[113] Depois, psicologicamente, constroem-se teias de relações afetivas. E ainda, socialmente,

---

113 Depois de satisfeitas as necessidades básicas e iniciada a acumulação de bens com o propósito de proteção da família ou com outros nobres motivos, muitos não conseguem se libertar dos apegos e, apesar das

define-se para si uma posição social e seu domínio. Conquanto isso seja necessário, reflete uma visão reducionista, limitada, sobre a finalidade da existência no mundo físico. 39

Para os estudiosos do espiritismo, estamos no mundo para realizar a parte que nos cabe na obra de Deus: a criação. Como, porém, definir com precisão essa tarefa? Em primeiro lugar, é necessário recordar que somos um elo na grande cadeia dos seres em progresso.

Ela começa no átomo e se estende ao arcanjo – símbolos do início materializado e do destino espiritual, respectivamente. O Espírito, na fase humana, carrega consigo uma síntese de todas as experiências adquiridas na passagem pelos reinos da natureza. Assim, somos a história psíquica e física do planeta, condensada em arquétipos e instintos.

A fase humana é o laboratório das novas experiências evolutivas. Nela, até certo ponto, podemos antever o nosso futuro, conhecido como pureza de Espírito ou angelitude. Esse dinamismo evolutivo permite a integração de nossas origens materiais ao nosso destino espiritual, sem que seja preciso fragmentar a vida e as aspirações.

---

promessas de auxílio ao próximo – seja por meio de ações próprias ou em conjunto com outras pessoas, junto a instituições respeitáveis –, falham em realizar a prática da caridade ou solidariedade social. O caso do fazendeiro, amigo de Chico Xavier, que foi postergando, indefinidamente, o seu propósito de criar uma instituição de amparo à pequena infância, até que a desencarnação o colhesse repentinamente, é um dos tristes relatos a que todos podem ter acesso.

A vida, portanto, possui um sentido muito mais amplo do que normalmente se imagina. Nela, podemos ir além do estágio evolutivo habitual, acrescentar novas sínteses psíquicas e desvendar o ainda desconhecido vir a ser.

Ao rever o passado, descobrimos que a evolução consiste em realizar processos e criar estruturas que permitam expressar maior amorosidade, integração e liberdade, em formas mais complexas e autoconscientes. Essas linhas mestras da evolução continuam valendo para a civilização contemporânea, pois constatamos que são fecundas quando buscamos construir projetos de vida pessoais e sociais, capazes de responder às grandes questões humanitárias.[114]

---

114 Em face dos tantos conflitos em torno da urgência das necessidades humanas, mesmo as mais relevantes e inadiáveis, como o combate à fome, têm-se evocado a ideia de que devemos trabalhar em prol de "questões humanitárias" – para afastar quaisquer barreiras que posicionamentos político-ideológicos possam causar. Mesmo pessoas de índole pacífica, participantes de movimentos religiosos, têm compartilhado de práticas que tendem a prejudicar o atendimento urgente aos necessitados de toda espécie. E, em razão disso, cresce, por outro lado, o elogio a pessoas reconhecidas como "humanistas", que seriam aquelas que colocam o ser humano, em sua totalidade, acima de quaisquer obstáculos que possam trazer dificuldades ao livre atendimento às suas necessidades urgentes.

A vida presente adquire um novo significado nesse contexto: é a oportunidade de participar da expansão do processo evolutivo. Na fase atual, requer a superação da ignorância sobre si mesmo, e uma percepção crescente de sua condição de ser imortal a caminho da unidade com Deus. Na prática cotidiana, significa, em nossa cultura, viver na sua essência os grandes ideais da cristandade, além das formas sociais e religiosas de organização.

A essência do cristianismo é o pleno amor. Dar sentido à vida é, portanto, experimentar o amor como razão do existir.

40
Vida e alegria

"UMA VIDA SEM OBJETIVO É UMA VIDA SEM alegria..." Assim afirmou a pensadora francesa Mirra Alfassa em *Sobre a educação e o valor da arte na educação*. E da qualidade desse objetivo depende o valor da vida. Quanto mais vasto, abrangente, desinteressado e generoso for o nosso propósito na vida, mais valiosa será nossa experiência existencial.

Conforme aprendemos nos relatos espíritas, a humanidade é composta de Espíritos em variados graus de evolução. Ao nascerem, trazem uma espécie de mapa da caminhada evolutiva, que lhes deverá servir de roteiro, impresso na consciência psíquica mais profunda.

À medida que o tempo transcorre, eventos e circunstâncias vão aparecendo para lhes possibilitar o exercício do livre-arbítrio e da vontade e, consequentemente, a aprendizagem necessária sob a forma de síntese psicoespiritual. O início da encarnação é a fase de recapitulação das experiências da espécie, essencialmente ligadas à sobrevivência pessoal e coletiva.

Há liberdade, mas sua expressividade é mínima, pois trata-se de um reviver do passado. Ainda assim, em função da pouca estruturação da personalidade atual, essa fase presta-se mais facilmente às influências educacionais, respeitados os limites impostos pelo nível evolutivo já alcançado individualmente.

À proporção que a vida adulta se aproxima, mais e mais aparece o desejo de identificação pessoal e a necessidade de se diferenciar da massa populacional, enquanto se cristaliza o anseio de seguir os próprios caminhos. Amplia-se o espectro de interação com o meio ambiente e as possibilidades de escolha.

É possível, nessa fase, detectar com clareza os níveis mais elevados do Espírito encarnado, através dos sonhos, das aspirações e das utopias, que refletem a influência da dimensão superconsciente da psique.

A vida adulta é o período mais específico para mostrarmos a que viemos, podendo ser dividida em duas fases. A primeira corresponde ao cumprimento dos objetivos socioculturais, em que estamos geralmente a serviço do modelo coletivo de existir no mundo. A segunda – nem sempre vivida por todos – é aquela em que expressamos nossa singularidade em máxima plenitude, tornando-nos cocriadores da civilização em termos evolutivos.

É claro que essa análise possui validade restrita ao estudo de populações. O indivíduo pode dela escapar pelas portas da genialidade e da santidade criativa, sendo transgressor "para mais", por antecipar-se ao seu tempo.

Ou pelas saídas do atraso evolutivo, tornando-se marginal "para menos", pela capacidade destrutiva dos valores da civilização, já adquiridos pela maioria.

O Espírito, nas fases iniciais da evolução humana, tem objetivos restritos à sobrevivência. Não se concebe como imortal, e tudo gira em torno da vida corporal. Seu modo de existência está vinculado exclusivamente à posse material e à busca por segurança. Trata-se de uma vida regulada pelo medo de perder e pela constante competição. A alegria é fugaz.

Ao avançar, ele descobre necessidades psicoafetivas e amplia seus anseios. Necessita, agora, pertencer, partilhar e cooperar, ainda que continue zelando pela segurança e pela posse. Sua vida é dirigida pelas emoções do prazer, em especial, vinculado à afetividade. A alegria amplia-se e sutiliza-se, embora continue restrita, por ser pessoal.

Mais adiante na evolução, os objetivos tornam-se mais complexos, pois acrescenta-se a busca da autotranscendência. Consequentemente, a sobrevivência pessoal se coloca a serviço da construção de coletivos mais integrados, socialmente mais justos e mais desmaterializados. A alegria torna-se ainda mais ampla, por ser transpessoal.

Na evolução humana, o objetivo da encarnação é revelar a origem divina do Espírito nas ações cotidianas. Em linguagem psicológica, é viver um processo de individuação em que o ego e o *self* integram-se, e este último assume o comando da vida.

Em geral, vidas assim estão pontilhadas de experiências numinosas e de presença de totalidade, adquirindo, aos olhos comuns, um sentido fantástico, messiânico ou utópico.

Nesse estágio, a alegria decorre da comunhão com o divino e chama-se bem-aventurança.

Se quisermos, podemos dar mais qualidade a nossos objetivos de vida, pois o determinismo decorrente do nível evolutivo que nos caracteriza pode ser alterado por novas escolhas e pelo poder da vontade transformadora que possuímos.

41
Convite à paz

CADA VEZ QUE ME APROXIMO DE UM NOTICIÁrio escrito ou falado, preparo-me para receber informes sobre desastres, tragédias, crimes, corrupção, atentados, guerras e problemas econômicos. A sucessão de notícias negativas é interminável. Tenho impressão de que, nos últimos dias, elas aumentaram em quantidade ou em capacidade de afetar minha sensibilidade, ou ainda, na potência em surpreender pelo inusitado das origens.

A "última delas", a morte de um brasileiro, por engano, em um metrô de Londres pela polícia inglesa – considerada uma das mais competentes do mundo – é um retrato do estágio de insegurança geral em que vivemos e da paranoia que está tomando conta das populações, dos governos e das instituições.

É a antiga barbárie, agora requintada, armada por tecnologias modernas. A sensação imediata é de estarmos construindo uma teia de relações interpessoais com ênfase na banalização da vida e na crença na força da violência ou na lei do mais forte.

Caminhamos, assim, para a aplicação da justiça pelas próprias mãos, de preferência com a submissão ou destruição do outro ser humano, transformado em adversário ou inimigo. Quando não procedemos dessa forma no plano físico, fazemos algo equivalente na dimensão psicológica ou moral.

Embora digamos que a violência é um mal e apregoemos que desejamos a paz, acreditamos que ela só virá se destruirmos os mais violentos e, para tanto, precisamos estar preventivamente bem armados.

Mas a sucessão de fatos mostra-nos que nossa atitude é insuficiente para deter a criatividade posta a serviço da destruição que nossos supostos inimigos possuem. E descobrimos nossa vulnerabilidade, por mais que estejamos preparados para enfrentar a violência.

Esse modelo de pensar, agir e organizar a sociedade reflete o desconhecimento sobre as leis da vida – mais especialmente as influências dos desencarnados nos eventos futuros –, a palingênese e as relações de causa e efeito.

Se compreendêssemos, como experiência real, a inutilidade de destruir o outro – pois ele continua, como Espírito, vinculado a nós mesmos e ao grupo social, com poderes que a sintonia decorrente do ódio e da mágoa cria –, construiríamos estruturas para mantê-lo encarnado e atuaríamos no sentido de sensibilizá-lo para as alegrias do amor.

Se conhecêssemos os dramas espirituais dos povos e como seus integrantes se entrelaçam em processos reencarnatórios para reatar laços de afetos e reconstruir civilizações que foram alvo de sua fúria iconoclasta em vidas passadas, estaríamos aderindo, com mais rapidez e efetividade, aos programas de desarmamento.[115]

De igual modo, nos ligaríamos às organizações de ajuda internacional, às campanhas pela elevação da qualidade de vida para todos, às leis que auxiliam na redução dos problemas básicos da sobrevivência e, pessoalmente, aprenderíamos a viver mais para servir do que para ser servido.

No final do século XIX, um escritor russo de fama internacional, Leon Tolstói, já apontava a inutilidade dos esforços de se combater a violência com a violência.

Na idade madura, ele compreendeu que o caminho adequado estava definido pelo texto do "Sermão da Montanha", principalmente na assertiva "não resistais ao mal" (*Mateus*, 5:39), que ele entendia como não responder à violência com a violência, não revidar, não contra-atacar, não retaliar, enfim, não se vingar.

Resistir ao mal não significa permanecer inerte; pelo contrário, é agir com firmeza através da bondade, compaixão, caridade e mansidão. Essa é a via de acesso à perfeição infinita e à manifestação da essência da alma humana: o amor.

Ela pode se manifestar pela não-cooperação com a maldade, pela desobediência civil às leis e costumes injustos, e por meio de ações construtivas de autonomia frente a

---

115 Há formas simples, simbolicamente, de desarmamento, como as defendidas pelos cultores da comunicação não violenta, da justiça restaurativa, das medidas alternativas de superação de conflitos.

qualquer sistema ou estrutura que exija submissão ou obediência cega.

A liberdade é um atributo inalienável que só pode ser definitivamente conquistado através do pacifismo. As tentativas de obtê-la por vias violentas – ainda que vistas como revolucionárias – só resultariam em outras tantas formas de opressão, dizia Tolstói, numa intuição profética, confirmada nos desdobramentos políticos observados em sua pátria, após a revolução comunista.

Para construir a paz no mundo é preciso uma revolução na vida interior daqueles que pretendem participar desse tipo de ação. As condições subjetivas são essenciais, pois a verdadeira mudança começa nas consciências. E esse processo só se realiza plenamente quando se vive à luz da verdade.

Essas ideias de Tolstói, publicadas no livro pouco conhecido, intitulado o *Reino de Deus está em vós*, acenam-nos para um caminho radicalmente diferente do que estamos acostumados a seguir. A leitura dessa obra influenciou Gandhi, que a tomou como símbolo para passar a praticar a não violência, no limite mais elevado já conhecido na história recente da humanidade.

Ambos, Tolstói e Gandhi, no fundo, acenavam para uma saída social: a vivência real do cristianismo original. Para uma sociedade que se diz cristã, o desafio de repensar seus métodos e suas práticas está posto. As armas já demonstraram sua incapacidade de gerar a paz. Que tal experimentar em grande escala social o poder da compaixão, do afeto e da ação solidária?

42
Família e evolução

A EXISTÊNCIA DA FAMÍLIA É UMA DECORRÊNCIA natural da lei da evolução. A vida prossegue em seu dinamismo, criando novas formas de expressar sua crescente complexidade e seu acréscimo de consciência. Aglutinar-se para a procriação é uma experiência evolutivamente mais avançada do que viver apenas em função da luta pela sobrevivência.

Essa dinâmica já acontece na fase animal do desenvolvimento do psiquismo, sendo mais um exemplo da construção de unidades coletivas, ou hólons. Portanto, na vida familiar há sempre inclusões e transcende-se a noção de indivíduo.

Quanto mais primitivo for o laço familiar e o nível de evolução de seus integrantes, mais a família se restringirá à resolução do problema da procriação, lei biológica vivida na mais simples expressão, através da produção em quantidade elevada de filhos.

Desse modo cumpre-se a função protetora da vida.

Nessa fase, a procriação praticamente se exaure no ato físico da geração da prole, limitando-se à garantia da sobrevivência física.

À medida que indivíduos e famílias evoluem, surgem novas necessidades e alcança-se a formação de um ser mais complexo, que demanda mais atenção e cuidados. A procriação torna-se um ato pejado de responsabilidades, pois adentra o campo moral e abrange uma longa educação destinada ao burilamento da personalidade.

Por isso mesmo, a quantidade de filhos reduz-se em função da qualidade do indivíduo que se espera desenvolver.

Nas sociedades mais desenvolvidas – onde a manutenção de um indivíduo é muito mais cara, em todos os sentidos –, surgem mecanismos de controle da natividade, pois o preço da qualidade é a redução da quantidade, segundo a lei da evolução.

As condições mais refinadas de vida de um povo realizam-se, em termos biopsicossociais, às expensas de uma limitação do impulso que leva ao crescimento demográfico.

Na família, refletem-se nossas conquistas e marcas negativas da experiência evolutiva do Espírito que somos. Na esfera consanguínea, vamos ao encontro de laços correspondentes às nossas mais fortes tendências, entretecidas em múltiplas encarnações.

Por isso, nos aglutinamos por afinidades psicoespirituais, geralmente com a possibilidade de expressar potenciais similares. Clãs, genes e nações, via de regra, evolvem juntos, constituindo um inconsciente coletivo apropriado e específico.

Somente Espíritos pioneiros na evolução conseguem, como exceção, viver em famílias de outro nível de desenvolvimento espiritual, superando-o e criando o clima mental correspondente a seu estágio evolutivo, atendendo às aspirações de elevação que lhes são próprias.

Por isso, o grupo familiar é o nosso grande laboratório de evolução.

Nele, encontramos os laços de afeto decorrentes do amor bem vivido e as

> **algemas de constrangimento e aversão nas quais recolhemos, de volta, os clichês inquietantes que plasmamos na memória do destino e que necessitamos desfazer à custa de trabalho e sacrifício, paciência e humildade, recursos novos com que faremos nova produção de reflexos espirituais, suscetíveis de anular os efeitos de nossa conduta anterior, conturbada e infeliz.**[116]

Como afirma o Espírito Emmanuel.

Os laços entre parceiros para constituir uma família possuem diferentes motivações que refletem seu estágio de maturidade. Atualmente, podemos distinguir alguns deles. O laço mais primitivo é caracterizado pela ânsia de fusão simbiótica nascida do desejo de obter alimento emocional, num retorno às experiências infantis e uterinas.

---

116 Chico Xavier, Emmanuel, *Pensamento e vida*, FEB, cap. 12 – "Família".

A seguir, desenvolve-se o companheirismo, marcado pela partilha de informações entre os parceiros sobre gostos e tendências e o desejo de estar presente nas lembranças do outro. Segue-se a fase da criação de um mundo comum onde há conexão entre valores, interesses e objetivos compartilhados.

Ao evoluirmos um pouco mais, vivenciamos uma fase chamada de comunicação, quando nos desvelamos, expressando nossos comportamentos, pensamentos, visões e sentimentos. Essa etapa exige sinceridade frente à partilha de diferentes verdades. Uma comunicação qualificada faz surgir o estado de comunhão, quando percebemos o ser do outro.

Em geral, nos momentos de silêncio, os parceiros são tocados e sentem-se em plena inteireza, em contato com o outro. A comunhão desperta-nos para a aspiração por uma união total, que se realiza quando direcionada ao absoluto, ao divino. Na finitude de dois seres, essa união só se concebe como idealização. Ainda assim, essa vivência conduz os envolvidos a uma maior conexão com a totalidade da vida.

A família, em nosso estágio evolutivo, é a experiência mais constante e poderosa para a superação da ilusão egocêntrica. Se constituída por parceiros em comunhão, torna-se um espaço de cultivo da percepção mútua do Espírito. Essa vivência amorosa transborda, estendendo-se além do círculo de relações próximas até abranger todo o Universo.

43
O valor do homem

APÓS A RENASCENÇA, CERTOS CONHECIMENTOS científicos que estruturaram o desenvolvimento da civilização ocidental, reduziram significativamente a relevância do ser humano no cosmo.

Três grandes concepções são lembradas como responsáveis mais diretas por essa mudança de autopercepção.

Em primeiro lugar, destaca-se a adoção do sistema heliocêntrico pela astronomia, que simplificou as cartas de navegação. Seu efeito psicológico, porém, foi o desmonte do modelo em que a Terra é o centro do Universo, e o homem sua maior expressão, em torno do qual tudo girava.

Sucessivamente, a ampliação do conhecimento astronômico revelou a grandeza do espaço, com a constatação de que vivemos na periferia de uma galáxia sem maior importância cósmica. O infinito espacial nos atordoa e nos reduz a um grão de areia.

A seguir, surgiu a teoria da evolução das espécies, adotando como gênese do ser humano as transformações de primatas, decorrentes das adaptações ambientais e mutações genéticas que sustentam a teoria da seleção natural.

43

Ficamos, dessa forma, desprovidos da condição de seres vivos especiais criados diretamente pela ação de um Deus soberano. Nossa verdadeira semelhança é com os animais, ao contrário do que se afirmava na época. Naturalmente, tal rebaixamento em termos de origem resultou numa visão menos valorativa do ser humano.

Depois, em pleno período de supremacia da razão – característica considerada tipicamente humana e que assegurava a distinção entre homens e animais e, consequentemente, superioridade dos primeiros –, essa faculdade passou a ser questionada como a real diretora das atitudes humanas, a partir da valorização do inconsciente pela psicanálise.

Nesse campo do saber, o homem é movido pelas pulsões do id – instância psíquica inconsciente e irracional – que deseja se autorrealizar, vivendo o máximo de prazer, mas encontra barreiras que o impedem de atingir tal escopo.

Assim, o humano é concebido como um ser em permanente conflito, insatisfeito e regulado fundamentalmente pelos desejos decorridos da energia psíquica chamada libido. Tais desejos tornam a vida em civilização algo difícil e desagradável, por serem egocentrados. E, mais uma vez, a condição humana é rebaixada.

Tais perspectivas, contudo, resultam de uma visão limitada do ser, pois desconhecem sua natureza espiritual. Adotadas em função de uma metafísica materialista, confluem para uma negação crescente do valor humano.

Ainda assim, desempenharam um papel importante e positivo na desconstrução de metafísicas decorrentes da religião, a maioria delas centrada numa supremacia ingênua do homem sobre a natureza, com alto grau de separatividade entre ambos.

O resgate do valor do ser humano pode ser lembrado a partir da percepção de que ele, apesar de infinitamente pequeno na dimensão espacial, é capaz de perceber o infinito pelas faculdades que possui. E que, embora seja descendente dos primatas, acrescenta à natureza animal a capacidade de reflexão, de autoconsciência, de construção simbólica e de recriação do mundo físico.

E, conquanto o inconsciente seja o diretor esquecido de nossos atos e decisões, ele é passível de ser conhecido e integrado, de modo a fazer surgir, em termos psicológicos, um ser cada vez mais pleniconsciente, mais complexo e interconectado com toda a natureza, pois dela é parte e resultado de seu último grande salto de qualidade no planeta em que habitamos.

Assim, podemos ver o homem como a expressão mais complexa e consciente do fenômeno evolutivo, tornando-se ele próprio o gestor desse processo, pelas possibilidades de criação que lhe são inerentes.

O cosmo material e a natureza viva são os pilares onde o ser humano se organiza e se estrutura para gerar o estágio atual de desenvolvimento da consciência. Entretanto, ele não é mais uma mera repetição em forma diferenciada das criações da natureza. É algo novo, mais rico e desvelador da interioridade do mundo. Expressa uma dimensão subjetiva jamais vista anteriormente. E, progressivamente, vai desmaterializando o mundo, tornando-o uma realidade virtual, consciencial e espiritual.

Nesse percurso, afirma sua originalidade, seu significado e seu valor. As concepções evolucionistas atuais – que integram a dimensão material e espiritual – admitem que o ser humano seja o elo entre a natureza material e biológica e a consciência espiritual e transcendente.

Em outras palavras, ele é a expressão mais elevada do fenômeno integrativo entre espírito e matéria, responsável pela continuidade do processo de elevação da consciência. Como bem caracteriza Allan Kardec, tal consciência se principia no átomo e atinge tamanha magnitude que é simbolizada na figura do arcanjo, máxima expressão do ser enquanto Espírito.

Assim, resgatamos nosso valor como coautores do vir a ser evolutivo, através de nossas escolhas, nossas ações e nosso jeito de realizar o propósito universal da existência. Enfim, da nossa capacidade de realizar a plenitude no mundo das formas e desvelar a condição de ser Espírito na ordem da existência.

A condição humana atual adquire contornos épicos, pois somos os decifradores dos mistérios da existência e construtores de novas realidades transcendentes. Em palavras místicas, estamos no mundo para realizar Deus. Nem mais nem menos.

44

Um novo mundo – uma nova pessoa

HÁ MEIO SÉCULO, O MAIS INFLUENTE PSICOterapeuta da história americana, Carl Rogers, escreveu um artigo com o título acima, chamando a atenção para uma grande crise na civilização. Afirmava que os valores dominantes, ideais e práticas, baseados na fragmentação do homem, de sua psique e do conhecimento, já não preenchiam os anseios de uma época. O progresso era questionado.

A competição, a separatividade decorrente da especialização e a supremacia da razão eram contestadas. A destruição do planeta e a miséria física e ética – em escalas sem precedentes na história da humanidade, tanto em países pobres quanto ricos – foram exibidas como uma demonstração da falência da civilização moderna. A devastação humana provocada pela Segunda Guerra Mundial estava ainda recente na memória coletiva, atestando a barbárie.

Apesar desse quadro sociocultural, e por causa dele, emergia uma aspiração por síntese ou totalidade.

Ansiava-se por algo que superasse os conflitos originários pelo método da divisão do conhecimento, do psiquismo humano e da percepção da realidade, que criavam artificialmente vários dualismos ou polaridades, dos quais destacamos: matéria e espírito; unidade e diversidade; individual e coletivo; nacionalismo e universalismo; profano e sagrado; natureza e humanidade; masculino e feminino; capitalismo e comunismo; trabalho e lazer.

Era preciso integrá-los numa síntese teórica e vivencial que permitisse assegurar as vantagens de cada polaridade sem excluí-las mutuamente e eliminar as desvantagens oriundas da hegemonia de uma delas.

Para Rogers, uma nova pessoa estava surgindo, capaz de dar conta desse desafio, que consideramos um trabalho de superação histórico-dialético.

Essas pessoas, ainda que isoladamente ou em pequenos grupos, faziam-se presentes em várias partes do mundo, em diferentes classes sociais, construindo o paradigma emergente e organizando-se em associações e movimentos, oferecendo novas opções de atuação social, e experimentando novas formas de viver.

Será que elas sobreviveriam? Essa era a principal dúvida de Carl Rogers, diante do poder avassalador da pressão social.

A percepção do psicólogo encaixa-se, em muitos aspectos, com a visão espírita de mundo. Sua descrição de nova pessoa está em consonância com o ideal de homem de bem, e sua visão de liberdade e possibilidades evolutivas para a civilização lembra, em muitos aspectos, o mundo de regeneração anunciado pelos Espíritos.

Em nossa compreensão do espiritismo, algumas ideias diretoras foram apresentadas, em diferentes momentos históricos, e devem continuar sendo enfatizadas, para acelerar o progresso da humanidade. São exemplos:

- **A divisão do conhecimento como um artifício da mente humana;**
- **Ciência, religião, filosofia e arte são expressões do saber, integráveis numa síntese experienciável;**
- **O homem é o fenômeno mais complexo de um processo evolutivo da consciência, originário dos anteriores reinos da natureza;**
- **A evolução, na fase humana, caracteriza-se por mentossíntese,[117] consciência de si mesmo, crescente liberdade, autodireção, integração e responsabilidade;**
- **Quanto mais evoluído é o ser ou a coletividade, mais haverá integração e compreensão da diversidade, mais consciência de si e do mundo, mais interdisciplinaridade, mais liberdade.**

O espiritismo, portanto, é um dos construtores desse novo mundo e dessa nova pessoa.

---

117 "Mentossíntese": conceito presente na obra *Evolução em dois mundos*, fundamenta-se na troca de fluidos mentais entre os seres vivos em suas etapas de evolução inicial, habilitando-se ao pensamento contínuo.

45
O pensamento social espírita

QUEM PASSASSE EM FRENTE A ALGUMAS LIVRA-rias de Paris, em 18 de abril de 1857, encontraria um livro de título surpreendente e gênese inusitada. Refiro-me a *O livro dos Espíritos*, lançado naquele dia, cujo nome causava espanto, despertava curiosidade e excitava a imaginação.

Seus primeiros leitores deparavam-se com uma produção insólita. Embora o autor utilizasse o pseudônimo de Allan Kardec, ele próprio atribuía o saber transmitido naquelas páginas, num diálogo de centenas de perguntas e respostas, a uma plêiade de Espíritos evoluídos, alguns dos quais identificados na história da humanidade pelos seus feitos relevantes.

O livro dos Espíritos já faz parte da seleta relação dos livros mais vendidos ao longo da história humana e é a referência fundamental para os adeptos e estudiosos do espiritismo.

Entre as questões respondidas, estão as que se referem ao progresso dos seres humanos e da sociedade, reunidas sob o título de "Leis Morais".[118] A nosso ver, trata-se de uma introdução à sociologia que extrapola os limites do mundo físico, pois interpreta os fenômenos sociais à luz das realizações do Espírito e sugere possibilidades de desenvolvimento da humanidade no futuro.

Mesmo se considerando a complexificação dos problemas sociais decorrentes da globalização, do aumento populacional e das interações pelos meios de comunicação, as respostas dos Espíritos constituem um esboço do pensamento social espírita, que continua atual e, por isso, merecedor de reflexão e prática.

Para que se perceba a realidade dessa assertiva, destacamos alguns trechos das "Leis Morais":

A DISCRIMINAÇÃO RELIGIOSA

Todos os homens são irmãos e filhos de Deus. Ele atrai a si todos os que lhe obedecem às leis, qualquer que seja a forma sob que as exprimam.[119]

A SOLIDARIEDADE E O APOIO À VELHICE

O forte deve trabalhar para o fraco. Não tendo este [o velho] família, a sociedade deve fazer às vezes desta. É a lei da caridade.[120]

---

118 Allan Kardec, *O livro dos Espíritos*, parte terceira – "As leis morais".

119 *Idem, ibidem*, questão 654.

120 *Idem, ibidem*, questão 685.

O PAPEL DOS RICOS NA SOCIEDADE

O homem que possui bens suficientes que lhe assegurem a existência está isento do trabalho?

Do trabalho material, talvez. Não, porém, da obrigação de tornar-se útil nem de aperfeiçoar a sua inteligência ou a dos outros, o que também é trabalho.[121]

A INDISSOLUBILIDADE ABSOLUTA DO CASAMENTO E A POLIGAMIA

A indissolubilidade absoluta do casamento é uma lei humana muito contrária à da natureza.[122]

A poligamia é lei humana cuja abolição marca um progresso social.[123]

AS POSSES MATERIAIS, O NECESSÁRIO E O SUPÉRFLUO

Os que acumulam os bens da terra para se proporcionarem o supérfluo com prejuízo daqueles a quem falta o necessário olvidam a Lei de Deus e responderão pelas privações que houverem causado aos outros.[124]

---

121 *Idem, ibidem*, questão 679.

122 *Idem, ibidem*, questão 697.

123 *Idem, ibidem*, questão 701.

124 *Idem, ibidem*, questão 717.

A DESTRUIÇÃO ANIMAL POR PRAZER E A GUERRA

Trata-se da predominância da bestialidade sobre a natureza espiritual e transbordamento de paixões.

A guerra desaparecerá quando os homens compreenderem a justiça e praticarem a lei de Deus. Nessa época todos os povos serão irmãos.[125]

A PENA DE MORTE

Incontestavelmente desaparecerá e a sua supressão será um progresso da humanidade. Há outros meios de a sociedade se preservar de um membro perigoso.[126]

AS RELAÇÕES INTERNACIONAIS

Quando por toda parte a Lei de Deus servir de base à lei humana, os povos praticarão entre si a caridade, como os indivíduos. Então viverão felizes e em paz, porque nenhum cuidará de causar dano a seu vizinho nem de viver às expensas dele.[127]

---

125 *Idem, ibidem*, questões 735, 742 e 743.

126 *Idem, ibidem*, questões 760 e 761.

127 *Idem, ibidem*, questão 789.

Há ainda, nessa parte do livro em foco, alguns indicadores de uma civilização evoluída, resumidos a seguir:

- **Reduzido grau de egoísmo, cobiça e orgulho;**
- **Hábitos intelectuais e morais sobrepondo-se aos materiais;**
- **Liberdade ampla para expressão da inteligência;**
- **Predominância da generosidade e da boa-fé nas relações interpessoais;**
- **Inexistência de preconceitos de castas, de gênero e cor;**
- **Ausência de privilégios legais e funcionamento imparcial da justiça;**
- **Vida do homem, crenças e opiniões respeitadas;**
- **Garantia de que todo homem terá o mínimo necessário.**

Uma sociedade nesse nível de evolução ainda é uma utopia. Contudo, as utopias existem para impulsionar o progresso, ainda que, para realizá-las, precisemos de múltiplas encarnações, mesmo avisados com bastante antecedência por publicações de tão grande valia.

46
A aquisição da riqueza – I

EM QUALQUER COMUNIDADE, ENCONTRAMOS grande desigualdade entre os homens, quando verificamos o grau evolutivo em que ela se encontra. Todos, por estarem no mundo, indistintamente, precisam prover suas necessidades de sobrevivência, pois é a primeira obrigação para serem considerados socialmente como normais, a partir do início da idade adulta.

O método utilizado na solução de tal problema assume o papel de índice revelador da maturação espiritual. De uma maneira bem simplificada, podemos reconhecer o homem vivendo em um dos seguintes papéis sociais: o primitivo, o administrador e o espiritualista.

O primitivo utiliza-se do furto como método principal de aquisição de riqueza. Ele parte do pressuposto de que o trabalho é cansativo ou difícil de ser encontrado, enquanto suas necessidades, reais e prioritárias, podem ser satisfeitas por meio da subtração de bens, seja do indivíduo, da comunidade ou do Estado.

Sua fome de bens leva-o a desconsiderar qualquer princípio jurídico relativo ao direito de propriedade. Diante das possibilidades de subtrair para atender seus desejos, nada o impede, pois sua psicologia é altamente egocentrada, individualista, desagregadora e caótica. Para ele, é inconcebível qualquer ordenamento coletivo ou norma social.

Esse tipo humano se manifesta mais em períodos de guerras ou de muita escassez, quando a expressão coletiva dos valores éticos se enfraquece. Nesse contexto, os saques, a usurpação dos bens dos vencidos e a anarquia social tornam-se “aceitáveis”.

A força é sua arma e o outro é apenas um inimigo a ser vencido – um obstáculo à sua vitória e à fruição de bens. Quando essa categoria de ser humano predomina, prevalece o regime de luta perpétua, baseado no aniquilamento do outro, em estado de completa instabilidade.

Quando um pouco mais evoluído, mas ainda com a mesma psicologia atrasada, o ser humano substitui a força pela astúcia, aprende a engendrar, por meio da habilidade de enganar, novas formas de furtar, mais centradas no patrimônio social.

E ainda por evolução, busca, após executar a subtração de bens por esse método, a legalizá-los e discipliná-los, utilizando as vantagens das brechas do ordenamento jurídico, principalmente a estabilidade e a redução dos conflitos que poderiam destruir suas riquezas.

Cercam-se de privilégios sob o disfarce do merecimento. Mesmo que por vias tortuosas e enviesadas, o primitivo referenda a propriedade e a lei, e passa a valorizar um método mais evoluído de aquisição da riqueza: o trabalho. Assim, nasce o administrador. A força é definitivamente substituída pela inteligência que organiza o trabalho. O dinheiro torna-se sua arma, e o capital, seu poder. A antiga luta biológica e física pela conquista dos bens transforma-se em luta econômica do capital contra o trabalho e vice-versa.

O egoísmo sobrevive na batalha entre patrão e empregado e nas querelas entre as classes sociais. O equilíbrio entre oferta e procura, que rege a lei de mercado, mascara uma forma de luta egoística. Não há proporcionalidade entre trabalho e ganho. O furto reaparece como especulação. Parasitismos tornam-se inevitáveis em decorrência do acúmulo de riqueza.

Visa-se a própria vantagem. Consumidores e produtores tentam tirar o máximo proveito de cada situação. Na abundância, os preços são rebaixados e na escassez sobem, sem qualquer correspondência com os custos da produção.

Não há correlação entre o valor das coisas e o preço estabelecido. Os bens da terra não seguem o caminho da necessidade, pois são atraídos para os semelhantes: os magnatas. As competições entre produtores são aplaudidas pelos consumidores, ainda que signifiquem a destruição do outro.

A luta evoluiu, mas não deixou de ser luta. O Estado então surge como estrutura ordenadora, capaz de progressivamente reduzir as desigualdades de poder e de riqueza originárias no modelo anterior.

Como o Estado também evolui progressivamente – à medida que os indivíduos que exercem suas funções amadurecem psicologicamente –, torna-se mais inclusivo e capaz de redirecionar a energia egoica para um nível evolutivo mais elevado.

Nesse estágio social, tanto mais instável é a situação do rico quanto mais distanciado ele estiver das condições de vida da maioria da população. Os primitivos o verão como presa a ser caçada, e os administradores concorrentes torcerão por sua desgraça, para usurpar, com o mínimo esforço, seu campo de atuação.

Em um mundo de predadores, a riqueza torna-se sinônimo de perigo, insegurança e risco. Pior ainda quando deriva de ganhos sem esforço, como quando se herda uma fortuna.[128] Nesses casos, tende, com mais frequência, à sua dispersão, pois a facilidade do ganho é terreno fértil para a formação de usuários ineptos.

Tal instabilidade só se compensa quando a riqueza é colocada a serviço do bem coletivo. Uma justiça mais profunda e sutil garante aos ricos o direito de existir, desde que coloquem seu capital e seu trabalho a serviço das maiorias esfaimadas, elevando-as social e eticamente, pela participação no trabalho.

Há um tipo humano mais evoluído e raro, que conhece o método evangélico de resolver o problema humano das necessidades materiais, o qual analisaremos no próximo capítulo.

---

128 Alguns autores de linhagem liberal (portanto, adeptos da liberdade econômica, da livre iniciativa, da justa competição entre os agentes econômicos) defendem não somente uma tributação justa – por vezes alta – sobre a herança, mas questionam seriamente a sua própria existência, pois que conflitaria com os princípios de mérito e esforço.

47
A aquisição da riqueza – II

HÁ, NO MEIO DA MULTIDÃO DE HOMENS COmuns, uma minoria ativa que resolve o problema da sobrevivência, utilizando o método espiritual ou evangélico.

Como o indivíduo que pertence a essa minoria já superou o egoísmo individual dos primitivos e o egoísmo coletivo dos administradores, encontra-se desapegado dos bens materiais e os emprega como instrumento de trabalho para atingir objetivos de ordem espiritual.

Vivencia uma justiça muito mais profunda que a estabelecida pelo Direito e não aceita bens para uso próprio, senão aqueles compatíveis com as necessidades de sua missão e decorrentes do seu mérito. Seu tribunal de justiça, muito mais exigente que as leis sociais, é a própria consciência, onde mantém permanente contato com a lei de Deus.

Por intuição e experiência de vida, sabe que a garantia dos bens materiais não pode ser dada por simples enquadramento nas regras da sociedade. Sua segurança decorre das íntimas qualidades e da conduta cotidiana que o fazem sentir a presença da providência universal em sua vida, nos mínimos detalhes.

Sua dedicação primordial é direcionada para as conquistas do Espírito. E, conforme a norma evangélica, as demandas materiais são atendidas por acréscimo.

Esse tipo biológico já superou nossas lutas e não precisa viver nossas fadigas. Embora estando no mundo, ele executa um trabalho de profundidade na consciência ou na dimensão espiritual.

O trabalho para ele é a realização de uma função entrosada no concerto universal, missão valorizadora da vida, laboratório de enriquecimento de qualidades e fonte de sabedoria.

Portanto, em vez de considerá-lo uma condenação – como o primitivo, ou obrigação como o administrador –, esse tipo humano é iluminado por uma acepção mais elevada, não ligada a rendimentos momentâneos, mas a resultados indestrutíveis, pois propiciam oportunidades para aquisições espirituais.

Seu método, em aparente desvantagem em relação aos anteriores, quando mais bem analisado, demonstra uma capacidade resolutiva bem superior, pois que acaba por ficar de fora da acirrada competição e, por isso, não precisa consumir energia em ataques e defesa.

Toda a concentração de esforços volta-se à expressão da sabedoria conquistada, e seu rendimento, onde estiver atuando, será de melhor qualidade. Como não disputa posições efêmeras, deixa-se conduzir por um justo merecimento, nascido de uma conduta honesta profunda que lhe assegura, sem esforço, os bens fundamentais à existência.

Esse modelo de aquisição da riqueza baseia-se na aplicação de uma justiça nascida de uma ordem mais elevada do Universo. Fruto daquilo que chamamos de Divina Providência, escapa à sensibilidade limitada das massas populacionais, mas pode ser percebida e testada por quem queira estabelecer contato com ela, como parte de sua ascensão espiritual.

Para receber essa proteção da lei e viver conforme o tipo espiritual, antes de tudo, é preciso compreender o fenômeno.

À semelhança do que ocorreu com a eletricidade – que permaneceu despercebida durante milênios, mas uma vez compreendida em seus princípios, permitiu tantos benefícios –, a ordem profunda no plano econômico exige consciências sábias e submissas a certas regras de funcionamento.

Conforme a literatura pertinente, as condições exigidas são:

- » **Estar merecendo ajuda;**
- » **Ter utilizado seu próprio talento para conseguir os bens, no limite superior de suas possibilidades;**
- » **Estar em necessidade real;**
- » **Solicitar o estritamente necessário;**
- » **Fazê-lo com fé.**

Tais condições são sintetizadas na frase evangélica: "Batei e abrir-se-vos-á" (*Mateus*, 7:10).

A primeira condição – o merecimento – decorre da necessidade evolutiva de, em determinados momentos, permanecermos com nosso próprio cabedal de talentos para aprendermos a resolver os problemas com nossos próprios meios. Assim, adquirimos experiência e autonomia.

Quando a ajuda resulta em preguiça ou acomodação e, portanto, prejuízo para o Espírito, ela não aparece.

Também é preciso ter um juízo adequado sobre o que é necessidade, em função da nossa missão, a fim de evitar pedir o supérfluo, pois a providência é parcimoniosa, concedendo o essencial para o sucesso da missão, evitando estimular o ócio.

A simplicidade nesse caso é fundamental. Trata-se de conquistar o suficiente para que o instrumento corporal possa desempenhar o trabalho solicitado pelo Espírito, imprescindível ao atendimento das finalidades da vida.

A última condição – pedir com fé – torna-nos conscientes da ordem divina no mundo e põe-nos em sua sintonia. Em vez de pretendermos apresentar a Deus nossas demandas e dizermos qual deve ser Sua conduta, tornamo-nos abertos às Suas diretrizes, na posição de seres esperançosos na obtenção de orientação.

Desse modo, viveram alguns santos, demonstrando o funcionamento prático dessa lei. E assim ensinou o Mestre Jesus no seu discurso de rara beleza sobre as ansiosas solicitações da vida, conclamando seus discípulos a buscarem o reino do Espírito para terem suas necessidades materiais atendidas com facilidade.

Mas, enquanto esse tipo humano for raro, a estabilidade econômica e social será frágil. A exploração do homem pelo homem perdurará. Ricos e pobres viverão uma luta sem tréguas, sendo que os primeiros tentarão preservar seus bens a todo custo, e os últimos desejarão usufruir deles de qualquer modo. Tal é a vida de uma sociedade que se diz cristã, mas não usa o método evangélico para resolver seus problemas.

48
A desigualdade da riqueza

A DISTRIBUIÇÃO DA RIQUEZA CARACTERIZA-SE por profundas desigualdades que levam ao agrupamento dos indivíduos em classes sociais, e os países em categorias similares. Geralmente, tal fenômeno social se explica pelo acesso à educação, condições de nascimento, habilidades em acumular e preservar riqueza, senso de oportunidade e, em alguns casos, por condutas ilegais de apropriação indébita.

Para o estudioso do espiritismo, tais explicações focalizam o modo como são geradas as desigualdades sociais, mas não atingem a essência do problema.

As questões sociais são objeto de investigação espírita desde os seus primórdios e a análise da riqueza e da pobreza, do necessário e do supérfluo estão presentes nos diálogos travados por Allan Kardec com os Espíritos.

Constatamos, então, que na perspectiva desses informantes, as causas mais profundas situam-se no âmago do ser e na estrutura social, criada em função do grau de progresso psicossocial já efetivado.

É obra humana, passível de transformação, não se tratando, portanto, de determinação divina.

Sua gênese encontra-se na inconsciência da condição de ser espiritual, comum entre as pessoas, e que se expressa por diversas formas – entre as quais se destaca a visão materialista da vida, cujas consequências são evidentes: perceber, na acumulação de bens, seu porto seguro, sua melhor forma de autorrealização e seu motivo para viver.

A percepção do outro, através da ótica da separatividade, resulta em condutas egoísticas e na supervalorização da competitividade, confusão estabelecida entre felicidade e poder, bem-estar material e riqueza.

O problema, portanto, é mais complexo, pois possui raízes psicoespirituais de caráter evolutivo. Pela compreensão espírita, ele só encontrará solução plena por meio da ascensão dos seres humanos e da sociedade a um nível de consciência que lhes permita sentir-se parte de uma totalidade maior, de um hólon mais amplo e profundo e, por isso mesmo, responsável pelo todo, no limite das suas possibilidades.

Nessa percepção, o outro se torna suficientemente relevante no mundo afetivo de cada um, a ponto de despertar o desejo de vê-lo atendido em suas necessidades básicas. Nesse estágio evolutivo, acumular o supérfluo passa a ser sentido como imoral, diante daqueles que ainda lutam pela sobrevivência.

Os bens materiais só possuem valor em termos de crescimento espiritual quando são colocados a serviço da comunidade, ainda que sob o manto de empreendimentos que podem resultar em mais riqueza.

Tal consciência espiritual, porém, só será atingida quando, em escala social, formos capazes de desenvolver uma educação capaz de despertar-nos para a percepção do outro e da transcendência. Esse tipo de educação necessita de muitos mestres que compreendam a alma humana.

Para a cultura espírita, o desenvolvimento real de um povo reconhece-se pelo progresso espiritual, expressando-se também na capacidade de prover o necessário para todos, variável de época para época, em função das demandas crescentes, decorrentes do desenvolvimento do Espírito e de suas manifestações no mundo corporal.

A miséria, o desemprego involuntário e o desamparo dos mais fracos são reflexos do estágio primário do desenvolvimento espiritual em que se encontram as sociedades.

Essas reflexões têm respaldo nas lições evangélicas, que recomendam o acolhimento dos necessitados e o desapego dos bens materiais, como condição para se alcançar a vida eterna. Assim, justifica-se o empenho da comunidade espírita em manter programas e instituições que minimizem as desigualdades sociais, emuladas pelo lema: "Fora da caridade não há salvação".[129]

---

129 Allan Kardec, *O Evangelho segundo o espiritismo*, cap. XV – "Fora da caridade não há salvação", seção "O mandamento maior", item 5.

Multiplicam-se pelo país iniciativas benemerentes tão simples como a distribuição de cestas básicas e tão complexas como as ações sociais de grandes instituições educacionais, de saúde, de fomento ao crédito e de aumento da empregabilidade.

A fecundidade dos ideais espíritas e o fato de termos uma forte inserção social, com um movimento em que há grande participação da classe média, permite-nos imaginar outras possibilidades de atuação nessa questão.[130]

No âmbito da comunidade espírita podem ser criadas estruturas de apoio aos menos aquinhoados, para que eles possam melhorar, pelo esforço próprio, suas condições de sobrevivência; e fomentar, entre os mais abastados, uma cultura de vivência em simplicidade voluntária, na contracorrente do consumismo social dominante.[131]

---

130 É de se esperar que a influência das ideias espíritas, que transitam com certa liberdade e aceitação nas classes econômicas superiores, possa suscitar práticas de solidariedade social mais frequentes e sustentáveis. A obra *Coisa de rico: a vida dos endinheirados brasileiros*, do antropólogo Michel Alcoforado, denuncia a insensibilidade desse estrato nacional, portanto os espíritas ricos também enfrentam um imenso desafio existencial.

131 Essa ideia do Peixinho é congruente com as atuais discussões em torno da necessidade de reduzirmos o consumo em face do esgotamento das condições de vida de nossa casa planetária, caso se perdurem os abusos praticados em desfavor do meio ambiente. O apelo a uma vida simples é simples consequência.

Na sociedade em geral, atuando em consonância com a zona limítrofe de progresso, podem-se adquirir, por exemplo, bens de consumo produzidos por empresas que demonstrem responsabilidade social.

É possível também apoiar as políticas de pleno emprego, considerando o trabalho uma necessidade básica para o desenvolvimento do Espírito e uma renda mínima familiar, compatível com as exigências contemporâneas.[132]

Pode-se ainda participar de sistemas cooperativos, estimular os serviços sociais voluntários e desenvolver projetos educacionais centrados em valores humanos, ecológicos e espirituais.

Todas essas ações ganharão maior relevância quando desenvolvermos, em nossa intimidade, a percepção de que a felicidade – tal como expressa nas bem-aventuranças e na conquista do Reino dos Céus da tradição cristã – é uma conquista que transcende os bens materiais e o domínio temporal.

132 As ideias aqui defendidas não implicam em mudança de regime econômico, conforme muitos poderiam imaginar. As experiências dos países nórdicos, de matriz capitalista com ênfase na garantia dos direitos fundamentais, são significativas e demonstram, à exaustão, que é possível se conciliar os princípios liberais clássicos com a proteção social aos indivíduos.

49
Construindo a liberdade

ENTRE OS PARÂMETROS QUE DEFINEM AS CONquistas evolutivas do ser psíquico, destaca-se a liberdade. Sua manifestação na grande série dos seres que compõem a escala ascensional se amplia à medida que a evolução avança. Basta recordar, a título de exemplo, a questão da liberdade de deslocamento no espaço.

No reino mineral, qualquer mudança espacial decorre da ação de forças estranhas.

Os vegetais já conquistaram algum grau de liberdade por possuírem alguns movimentos dirigidos ou crescerem para saciar alguma necessidade, fenômenos biológicos descritos como tropismos e tactismos.

Os animais podem locomover-se e no próprio corpo existem estruturas adaptativas que lhes permitem viver em meios tão diferentes como água, terra ou ar. Cada um deles, entretanto, não sobreviveria em outras condições.

O ser humano, por ter desenvolvido objetos de proteção, pode ocupar todos os espaços do planeta, direta ou indiretamente, viajando de uma para outra localidade com grande facilidade.

Essa liberdade, ainda restrita ao mundo físico, pode ser 49
ampliada em algumas pessoas que desenvolveram capacidades anímicas de projeção astral ou de bicorporeidade, fenômenos tidos como sobrenaturais e que, ao nosso ver, são apenas novas formas de expressão da caminhada evolutiva.

O exemplo de deslocamento no espaço, e muitos outros similares, demonstram a assertiva: a evolução consiste também em acréscimo de liberdade.

Na fase humana, o ser psíquico toma consciência do seu espaço subjetivo, mediante a estruturação do ego e passa a valorizá-lo progressivamente. O predomínio das necessidades biológicas vai reduzindo-se à proporção que emergem os anseios psicológicos e espirituais – a vida subjetiva.

Esse novo mundo – espaço interior da alma, já descrito como tão vasto como o Universo – é merecedor de nossa atenção, pois, no estágio evolutivo atual, a possibilidade de acréscimo de liberdade, e, portanto, de evolução, é considerada ilimitada.

Para nos tornarmos cada vez mais livres, precisamos reconhecer nossas barreiras interiores e construir mecanismos de superação. Portanto, torna-se necessário reconhecer o quanto somos constrangidos, na dimensão emocional, pelo medo, pela raiva e pelos apegos, verdadeiras algemas subjetivas que impedem maiores percepções sobre as possibilidades do ser psíquico.

Na expressão mental, é necessário reconhecer se estamos encarcerados em um pequeno mundo de pensamentos fragmentados e repetitivos, geralmente ligados às questões de sobrevivência corporal e afetiva. Devemos avaliar se já desenvolvemos a capacidade de mantê-los sob controle, a ponto de não nos deixarmos dominar por alguns que se travestem de ideias obsessivas. Também é importante perceber se já identificamos uma ideia organizadora – um fio condutor de nossas reflexões – e se conhecemos os voos da alma que emergem do silêncio interior, da meditação profunda e dos estados de experiência em transcendência.

Na área dos valores e crenças, é fundamental reconhecer quão cativos de preconceitos ainda somos, e se, em função disso, adotamos no comportamento social as mais variadas discriminações sobre pessoas e grupos.

Sexo, cor, idade, categoria social, ideologia, religião e hábitos de vida podem ser pretextos para rejeições e julgamentos negativos e, consequentemente, fontes de restrição da liberdade.

Na dimensão relacional deveremos verificar se já escapamos das prisões do egoísmo, da dependência afetiva, da possessividade, da necessidade de aprovação social e da competitividade.

Evoluir em termos de liberdade significa deixar esses cárceres por uma ação educativa pessoal e intransferível, que permite o surgimento de atitudes compatíveis com a natureza essencial do ser que somos – Espíritos.

Essa é, em nosso entendimento, a difícil e perigosíssima viagem de si a si mesmo, para colonizar o homem – humanizá-lo enfim –, de que nos fala o poeta Carlos Drummond de Andrade em seu poema "O homem: as viagens".[133]

Durante esse trajeto, aprenderemos a manifestar as emoções básicas com equilíbrio e submetê-las à nossa vontade; identificaremos um propósito para a vida e um pensamento diretor para nossas ideias; superaremos as separatividades decorrentes dos preconceitos; faremos do egoísmo uma lembrança virtual do passado; venceremos o último grande desafio da vida corporal – a morte; e vivenciaremos a plenitude do desapego.

Assim, nos tornaremos aptos para usufruir de um enorme prazer, fruto de nossa conquista evolutiva – a liberdade do Espírito.

133 Carlos Drummond de Andrade, *Nova reunião: 19 livros de poesia*, José Olympio, pp. 448–450.

50
Exercícios de autoconhecimento

Os estudiosos espíritas lembram frequentemente que a publicação espírita mensal produzida por Allan Kardec tinha um subtítulo: *Revista de Estudos Psicológicos*.

Naquela época, a psicologia ainda era um ramo pouco desenvolvido da filosofia e não se havia desmembrado para constituir uma ciência experimental – nos moldes da epistemologia positivista – nem se tinha diferenciado em análise psíquica, como aconteceria posteriormente, com o surgimento da psicanálise.

O codificador do espiritismo entendeu, entretanto, que estava publicando em sua revista, matérias que nasciam da experimentação, de acordo com os padrões metodológicos da época, e percebeu que avançava na construção de uma forma especial de investigação dos estados psicológicos, através do transe mediúnico e da introspecção.

Esta segunda ferramenta de percepção psicológica é de grande relevância para o conhecimento de si mesmo, e está presente na proposta dos Espíritos que orientaram Allan Kardec, desde a primeira publicação.

50

O Espírito Santo Agostinho sugere, em *O livro dos Espíritos*, que façamos uma abordagem introspectiva diária de nossas atitudes, verificando sua qualidade moral e propondo-nos a tomar decisões que produzam o progresso espiritual.

Portanto, realizaremos uma atividade fundamental para o espírita tornar-se um homem de bem – o autoconhecimento.

O advento de novos conhecimentos psicológicos e espíritas, ao longo de mais de um século, permite-nos afirmar que a tarefa é mais árdua do que pensávamos originalmente.

À medida que adentramos em nosso mundo interior, descobrimos que ele é vasto, infinito e complexo. Somos, ao mesmo tempo, uma singularidade e um mundo coletivo quase totalmente inconsciente na vida cotidiana.

É importante salientar que esse mundo inconsciente influencia e dirige nossas decisões, afeta intensamente nossas relações interpessoais, orienta nossas crenças e valores e limita nossa capacidade racional.

No limiar dessa viagem a si mesmo, descobriremos que possuímos uma "sombra" caracterizada como uma parte da personalidade que foi reprimida, em benefício do ego ideal.

Por sermos seres sociais em evolução, estamos habitualmente constituindo uma idealização de nós mesmos, influenciados pelas figuras parentais, pela cultura e pelas atrações do nosso superconsciente, entre outras. Entretanto, nem sempre conseguimos viver na prática esse ego idealizado, e tudo que o contraria é colocado nesta dimensão psíquica que chamamos de inconsciente pessoal.

Ocorre que a "sombra", quanto mais negada, mais forte reaparece por vias transversas, pois a negação lhe confere energia. Ficamos assim cindidos, sem nos apresentar como seres íntegros.

Entre as maneiras de se manifestar que a "sombra" dispõe, encontra-se a projeção, a nossa visão do outro. Mais frequentemente, ela aparece como uma personalidade inferior. No entanto, pode haver uma "sombra" positiva, quando tendemos a nos identificar com nossas qualidades negativas e reprimir nossas vivências positivas.[134]

Ao fazermos tais projeções, tornamo-nos incapazes de reconhecer nossos próprios complexos e deixamos de diferenciar entre a realidade do outro e a nossa própria "sombra". Essa incompetência é perigosa no estágio evolutivo humano atual, pois a "sombra" é uma experiência arquetípica do "outro", que, por ser estranho, é percebido como suspeito.

Tendemos, em nossas atitudes, a buscar um bode expiatório – alguém a quem censurar e atacar. Dessa maneira, sentimos que nossas ações estão justificadas e transferimos a culpa para o outro, pois vivenciamos a ilusão do ego de que já nos conhecemos suficientemente. Na medida em

---

134 A "sombra positiva" contempla virtudes, qualidades e potenciais reprimidos, permanecendo inconscientes, isso pode se dar por receio de rejeição ou por condicionamento social, impedindo que esses recursos positivos venham à tona.

que se torna necessário que eu seja bom e justo, as demais pessoas se tornam receptáculo do mal que deixo de reconhecer em mim mesmo.

A descoberta da "sombra" pode influenciar intensamente a personalidade consciente. A percepção de que o mal que enxergamos nos outros talvez habite em nós mesmos pode provocar choques emocionais e exige coragem para assumir e integrar essa parte reprimida.

Se atuarmos de maneira construtiva, a "sombra" nos levará ao desenvolvimento de uma humildade saudável e a uma humanização mais ampla. Não gastaremos nosso tempo apontando a trave no olho alheio, pois já estaremos reconhecendo o argueiro que há em nosso próprio olho, como assinalam os textos evangélicos.

Entre as várias possibilidades de reconhecer a "sombra", lembramos os seguintes exercícios:

» **Descreva o tipo de personalidade que você considera mais desprezível, insuportável e impossível de manter uma boa convivência – aquela que, ao encontrar, lhe provoca reações difíceis de controlar;**
» **Acrescente atitudes que você reprova intensamente e que seriam difíceis de serem perdoadas;**
» **Verifique as qualidades que você considera negativas e que estão presentes em boa parcela das pessoas do seu círculo de convivência mais próximo – aquelas que lhe mobilizam emocionalmente, com muita força. Essa provavelmente é uma autodescrição inconsciente, pois**

não conseguiremos aceitar nos outros aquilo que em nós foi reprimido;

- **Observe diariamente os fatos, próximos ou distantes, que lhe provocam reações;**
- **Identifique a intensidade da reação e verifique, por comparação com outras pessoas em situações similares, o quanto ela se distancia de um padrão normalmente esperado.**

Sempre que um fato provocativo for respondido com atitudes desproporcionais, desconfie: é possível que ele tenha ativado um complexo ligado à sua "sombra". Nesse momento, o complexo o possuiu.

Outras formas de conhecer a "sombra" incluem a análise dos sonhos e da mitologia pessoal. No entanto, isso exige um acompanhamento psicoterápico.

É importante lembrar que a "sombra" não é patológica de *per se*. Quando não a vemos, é o momento de tomarmos cuidado. Ela se torna problemática quando supomos que não a possuímos, pois dessa forma, tornamos possível que ela nos possua e nos domine.

51
Transformação do ser

VERIFICA-SE, NO MOVIMENTO ESPÍRITA, UM INteresse crescente por autoconhecimento e pela autotransformação. Essa preocupação está nas origens do pensamento espírita. Em *O livro dos Espíritos* encontra-se a resposta: para a construção do homem de bem é necessário o conhecimento de si mesmo, através de um exame diário das atitudes.

Além disso, tornou-se popular a assertiva de Allan Kardec, que reconhece o espírita pelo esforço que emprega para superar as más inclinações e realizar sua transformação moral.

Mesmo assim, nossa literatura sobre o tema ainda é muito limitada, geralmente de caráter genérico, e sem o respaldo das experiências individuais e coletivas.

Carecemos de relatos autobiográficos ou de descrições de trabalhos grupais com essa temática, embora sejam frequentes os depoimentos verbais de que a doutrina espírita foi causa de mudança interior e geradora de novos e melhores comportamentos.

Talvez essa carência seja explicada pelo caráter assistemático, espontâneo e pouco observado em que acontece a reforma íntima ou ainda a discrição dos vivenciadores do processo, que não se sentem à vontade para relatar e tornar públicos seus sucessos e fracassos, mesmo sabendo que podem preservar o anonimato.

Desse modo, ficamos privados do entendimento decorrente das vivências – e cada um de nós precisa trilhar o próprio caminho.

Apesar da carência de uma bibliografia espírita sobre o assunto, podemos estabelecer um roteiro para o estudo de si mesmo, com base nas poucas informações conhecidas e subsidiadas pelos conhecimentos psicológicos, compatíveis com o espiritismo:

» **Faça um inventário detalhado de sua vida, identificando suas ideias, valores, crenças, emoções e sentimentos, hábitos mentais, cuidados corporais, relações com as pessoas, interações ambientais e vivência com o sagrado. Não atribua nenhum juízo de valor às observações – não se julgue bom ou ruim –, apenas constate qual o seu estágio evolutivo. Esse trabalho, que frequentemente poderá ser avaliado, deve ser minucioso e, para ser executado, deve utilizar-se tanto do intelecto como da percepção afetiva.**

» **Verifique, a seguir, suas aspirações, seu vir a ser. Utilize-se da imaginação e descreva, para si mesmo, como gostaria de estar agindo, pensando, sentindo e vivenciando. Caracterize bem, ponto por ponto, seu mapa do futuro, tendo como referenciais os itens descobertos na primeira fase do trabalho. Para facilitar, evoque situações em que** você se sentiu mais evoluído, pleno e autorrealizado – ainda que sejam experiências raras. Utilize também a estratégia de se elevar psiquicamente, através da leitura de uma biografia que o comova e de exercícios de meditação.

» Identifique as estratégias mais fáceis de serem executadas no processo de transformação do ser. Por exemplo, planeje agir como se já estivesse no novo estágio evolutivo, em um aspecto selecionado, mesmo que ainda não se sinta interiormente nesse momento da evolução.

» Faça visualizações diárias sobre o vir a ser, como se já estivesse acontecendo no presente, e saboreie mentalmente essa vivência. Crie momentos de contato com seres espirituais mais elevados e procure escutar suas inspirações. Apoie-se em leituras relacionadas ao tema. Participe de grupos de desenvolvimento do potencial humano, autoconhecimento ou similares.

» Tome alguns cuidados nas avaliações. Não se julgue. Não se deixe enganar por aparentes sucessos ou dificuldades que pareçam irremovíveis. Seja persistente em seus objetivos. Se houver abertura, compartilhe suas experiências com pessoas próximas; sinalize que não está interessado em elogios ou críticas, mas na identificação do processo evolutivo. Caso haja algum comportamento patológico, procure ajuda terapêutica.

» Finalmente, recorde que você possui origem divina; que já evoluiu bastante ao longo de múltiplas encarnações e que a vida atual é mais um ato em direção à sua origem. O futuro é a plenitude, e ele é suficientemente atraente para justificar os esforços atuais.

52
O conhecimento de si mesmo

AO INDAGAR DOS ESPÍRITOS SOBRE A MANEIRA mais adequada de se educar o ser humano para o bem, Allan Kardec recebeu como resposta que era necessário começar praticando a máxima de Sócrates: "Conhece-te a ti mesmo". Quando aprofundou seus estudos sobre o tema, foi orientado para fazer uma autoanálise diária, observando com cuidado as atitudes e valores envolvidos no comportamento cotidiano.

Kardec foi também advertido a precaver-se em relação aos perigos da mente, no aspecto valorativo, pois ela, através do jogo de palavras e argumentos, é capaz de transformar atitudes negativas em positivas e vice-versa. Por exemplo, o avarento pode perceber-se econômico e o imprudente, identificar-se como audacioso.

O conhecimento de si mesmo também é lembrado indiretamente, através da ideia de que se reconhece o verdadeiro espírita pelos esforços que emprega para domar suas más inclinações – ensinamento muito divulgado pelo codificador do espiritismo e popularizado com o nome de reforma íntima.

52

Há múltiplas razões para justificar o interesse espírita pelo autoconhecimento. Entre elas, destacamos que a ignorância sobre si mesmo é uma variável fundamental na gênese do sofrimento e dificulta a vivência de estados de bem-aventurança.

O ser humano, como manifestação do Espírito, tem no saber uma fonte de provisão. Autoconhecer-se é tomar consciência dessa fonte e usufruir de suas benesses.

Como a tese espírita sobre o ser é evolucionista – e isso implica acréscimo de consciência –, a autodescoberta torna-se um impulso vital inerente ao ser humano e obrigatório no seu desenvolvimento.

Quanto mais o indivíduo se conhece, melhor identifica seus limites e possibilidades evolutivas, o que facilita um viver coerente com seus princípios e sua realidade subjetiva, e o torna capaz de lidar com mais harmonia as variadas e complexas situações sociais.

O autoconhecimento é também a primeira etapa de um processo mais amplo: a autoeducação. Assim, é possível tornar-se diretor consciente de um movimento pessoal evolutivo.

Além disso, esse saber facilita relacionar-se com o mundo, com as pessoas, com as circunstâncias históricas, tornando a vida mais agradável.

A maioria das pessoas, entretanto, está tão concentrada em sobreviver – porque só conhece sua dimensão corporal –, que não se apercebe da alienação em que vive em relação à sua natureza mais profunda e cria para si um mundo de ilusões, apegando-se a tudo o que é transitório e exterior.

E, envolvido nesse sistema de valores, o indivíduo constrói um dia a dia entre as angústias da vida, com temores da morte e medo dos outros.

Não é de estranhar, portanto, que sejam tão escassos os exemplos de pessoas plenamente educadas, vivendo na bem-aventurança, legítimos representantes da categoria "homem de bem",[135] lembrada por Allan Kardec.

---

135 Allan Kardec, *O Evangelho segundo o espiritismo*, cap. XVII – "Sede perfeitos", seção "O homem de bem".

53
O desenvolvimento da consciência

OS ESTUDOS SOBRE O DESENVOLVIMENTO DA consciência humana são importantes para facilitar o planejamento evolutivo do ser. A doutrina espírita tem como escopo principal esse desenvolvimento, configurado na transformação do ser humano pelo autoconhecimento e cultivo de suas potencialidades.

O Espírito, após a desencarnação, vivencia níveis de consciência diferentes, bem detectados por Allan Kardec, o que lhe permitiu construir a escala espírita.

Como o saber espírita conecta-se com a cultura universal, é importante que seus seguidores conheçam as produções de outros pensadores e estabeleçam paralelos.

Revendo a literatura sobre o tema, percebemos que os resultados tendem a confluir para uma descrição de estágios, níveis e ondas de progressão. Seus pesquisadores, que não podem fugir ao hábito mental de comunicar-se através de análises, confirmam a existência de vários momentos evolutivos da consciência.

Cada nível de consciência carrega uma energia própria, um modo de perceber a realidade e de manifestar-se no mundo. Os níveis são hierarquizados e o mais elevado transcende e inclui os anteriores. Mas a percepção do conjunto dos estágios só aparece para os níveis superiores da consciência.

Muitos exemplos de mapas de desenvolvimento da consciência podem ser encontrados na literatura mundial – em especial nos trabalhos de psicologia, de iniciação mística e de sociologia. Entre eles, escolhemos o mapa de Beck e Cowan, recentemente adaptado por Wilber.

Sua apresentação simplificada poderá facilitar a compreensão do nosso estágio evolutivo de consciência predominante, que é a forma como nos expressamos em qualquer atividade.

O primeiro nível é arcaico e instintivo. Alimento, abrigo, sexo e segurança são sua prioridade. Tudo começa e termina na busca pela sobrevivência. Não há um eu claramente diferenciado e a melhor organização são os bandos de sobrevivência. As crianças recém-nascidas, as primeiras sociedades humanas, moradores de rua com problemas mentais, massas humanas famintas e neuróticas de guerra são bons exemplos desse estágio de consciência.

O segundo nível é mágico e animista. A consciência percebe os acontecimentos como determinados por Espíritos mágicos, que espalham maldições e bênçãos a seu bel-prazer. A consciência forma tribos étnicas que se unem em torno de símbolos místicos. O pensamento é animista. Pode ser encontrado em quaisquer agrupamentos humanos corporativos, equipes de atletas, funcionários de certas empresas ou instituições e grupos familiares, entre outros.

O terceiro nível se caracteriza pela manifestação de um eu distinto, poderoso, impulsivo, egocêntrico e heroico. É a fase de adoração ao poder e à glória. O mundo é uma selva cheia de ameaças e predadores que precisam ser enfrentados. Vencer e dominar, sem pena ou remorso, é o deleite do eu. São exemplos os reinos feudais, os líderes de gangues, os soldados da fortuna, o narcisismo da nova era, os "salvadores" da pátria...

Ao atingir o quarto nível, a consciência descobre que a vida tem significado, direção e propósito, determinados por uma Ordem Todo-poderosa ou por um Outro. Esse Outro reforça um código de conduta baseado no absolutismo do certo e do errado. O respeito a esse código traz recompensas e sua violação atrai sanções.

A impulsividade é controlada pela culpa. Há um único caminho certo e um único modo de pensar sobre tudo. São exemplos a China confucionista, a América puritana, os grupos de escoteiros e bandeirantes, o patriotismo, a moral majoritária...

No quinto nível, a consciência se liberta da "mentalidade de rebanho" da fé cega. Busca a verdade e o sentido em termos individuais. A descoberta de leis naturais e mecanismos racionais de funcionamento do mundo é essencial para exercer controle sobre a realidade.

O mundo é um tabuleiro de xadrez, onde há permanente disputa dentro de regras. Forma a base dos estados corporativos e do interesse próprio liberal das classes médias emergentes.

O sexto nível se caracteriza por um eu sensível, comunitário, preocupado com a construção de maiores vínculos e disposto a trabalhar em rede. Há uma busca de integração e de sinergia. Os sentimentos e a solidariedade suplantam a fria racionalidade. Enfatiza o diálogo e os relacionamentos.

Baseia-se em valores comunitários e toma decisões por meio de consensos. É fortemente anti-hierárquico, pluralista, multicultural e relativista. Está presente na terapia rogeriana, na teologia da libertação, no ecofeminismo e em grupos politicamente corretos.

A partir do sétimo nível a vida é um caleidoscópio de hierarquias de sistemas e de formas naturais. O igualitarismo é complementado com graus naturais de evolução expressos em competência.

O pluralismo é integrado num fluxo evolutivo interdependente. Finalmente, até onde percebe Beck, emerge um nível de consciência que entrelaça os múltiplos níveis num sistema coerente, e uma grande unificação é possível na teoria e na prática.

É possível detectar a harmonia além das aparências e os estados fluidos e difusos da consciência. O eu segue uma ordem cósmica de maneira viva e consciente que não se baseará em regras externas ou em laços grupais, pois os transcende e inclui.

A hierarquia, acima resumida, nos permite, através de uma autoavaliação cultural, verificar o estágio de desenvolvimento em que se encontra a consciência individual e coletiva, o que pode constituir-se marco referencial de trabalho evolutivo consciente na vida cotidiana. Também nos auxilia na compreensão das diferentes percepções da realidade pelas pessoas e suas dificuldades de entendimento.

Uma regra pode ser derivada do modelo proposto. Quanto mais evoluído o eu, mais é capaz de perceber e atuar com pessoas de um nível de consciência mais primário. Afinal de contas, evoluir é aproximar-se de Deus, que inclui e transcende todos os seres e a própria criação.

A vida possui um sentido muito mais amplo do que normalmente se imagina. Nela, podemos ir além do estágio evolutivo habitual, acrescentar novas sínteses psíquicas e desvendar o ainda desconhecido vir a ser.

Ao rever o passado, descobrimos que a evolução consiste em realizar processos e criar estruturas que permitam expressar maior amorosidade, integração e liberdade, em formas mais complexas e autoconscientes. Essas linhas mestras da evolução continuam valendo para a civilização contemporânea, pois constatamos que são fecundas quando buscamos construir projetos de vida pessoais e sociais, capazes de responder às grandes questões humanitárias.

A vida presente adquire um novo significado nesse contexto: é a oportunidade de participar da expansão do processo evolutivo. Na fase atual, requer a superação da ignorância sobre si mesmo, e uma percepção crescente de sua condição de ser imortal a caminho da unidade com Deus. Na prática cotidiana, significa, em nossa cultura, viver na sua essência os grandes ideais da cristandade, além das formas sociais e religiosas de organização.

A essência do cristianismo é o pleno amor. Dar sentido à vida é, portanto, experimentar o amor como razão do existir.

V

DAS ESPERANÇAS E CONSOLAÇÕES

Das penas e gozos da alma após a morte, forma o homem ideia mais ou menos elevada, conforme o estado de sua inteligência. Quanto mais ele se desenvolve, tanto mais esta ideia se apura e se escoima da matéria; compreende as coisas de um ponto de vista mais racional, deixando de tomar ao pé da letra as imagens de uma linguagem figurada.

ALLAN KARDEC
***O livro dos Espíritos*, questão 973**

V

54
As penas e recompensas futuras

NA MAIORIA DAS CONCEPÇÕES FILOSÓFICAS E religiosas sobre o destino humano após a morte, prevalece a ideia da continuidade da vida, ainda que sem características materiais. Ela é regulada, em termos de bem-estar, pelas ações durante a presença no mundo corporal.

A partir de uma concepção de caráter historicamente variável sobre o bem e o mal, julga-se o desempenho de uma vida e define-se o seu destino.

Na maioria das vezes, as concepções que só admitem uma única existência humana para cada ser, aceitam penas e gozos eternos, decorrentes de ações temporais.

Portanto, asseguram o inferno ou o paraíso, conforme o resultado do julgamento, talvez influenciados pelas noções de bem e mal absolutos. Algumas vezes, acrescentam uma terceira e quarta opções indefinidas como purgatório e limbo, por entenderem que é necessário flexibilizar um pouco mais as oportunidades além-túmulo.

É claro que, de imediato, a relação entre os atos efêmeros de uma vida e o castigo ou recompensa na eternidade soa incongruente aos ouvidos da justiça humana – e, mais grave ainda, se considerarmos que ela teria sido criada por um ser onisciente. Deus, de antemão, já conheceria os possíveis resultados da experiência humana. 54

Além disso, as variações culturais sobre as noções de certo e errado, as condições existenciais objetivas e a duração mais ou menos longa da vida dificultariam bastante a possibilidade de um julgamento justo, ainda tendo tão poucas alternativas de penas e recompensas.

Mesmo com as limitações conceituais apresentadas, é possível identificar algum grau de veracidade em tais modelos de julgamento. Por exemplo, estabelece-se uma correlação entre vida moral e vida futura e explica-se a sensação de eternidade como uma percepção psíquica do estado de consciência.

Tais ideias decorrem da tendência humana em materializar e circunscrever as coisas, fruto do modo como funciona nossa mente, organizada em categorias como espaço e tempo. Trata-se, portanto, de uma descrição analógica das sensações e percepções espirituais. Pura limitação do instrumental humano, na tradução de um outro domínio de realidade.

Mais sofisticadas e congruentes são as concepções reencarnacionistas antigas e modernas, a exemplo da tibetana, que atribui à consciência o papel principal na determinação do futuro após a morte. Não há lugares, mas, sim, vivências. Cada Espírito retira de si mesmo as condições de felicidade ou de desgraça. E, pelo grau evolutivo, aproximam-se e interagem.

Quanto maior for a fixação nos desejos da vida corporal, mais facilmente renascerão e, antes disto, permanecerão vinculados pelo estado mental ao mundo físico. Quanto mais depurados, mais acentuadamente gravitam na unidade divina, realizando seus desígnios.

Os relatos espirituais de caráter mediúnico revelam a existência de Espíritos acoplados aos encarnados por interesses comuns, principalmente em ambientes familiares, graças aos vínculos afetivos.

Os seres desencarnados, que se deixam dominar pela revolta e pelo orgulho, tendem a criar organizações para exercer sua própria justiça em nome do ódio e da vingança, aproveitando-se da fragilidade humana.

Aqueles que se evadiram pela autodestruição vivem, em muitos casos, o agravamento dos seus sofrimentos, seja pela fixação em cenas dantescas, seja pela influência de Espíritos em situações afins.

Os que trabalharam pelo bem no planeta ampliam e complexificam seus labores, usufruindo satisfações pouco comuns na Terra. Os vocábulos humanos são incapazes de descrever a riqueza da vida espiritual dos seres mais elevados.

A vida no mundo espiritual é de maior sensibilidade. Todos têm sua percepção ampliada, mas em conformidade com seu estado de evolução. Há melhor condição de uma avaliação do desempenho na vida terrestre, pois a memória está abrangente e a consciência mais livre, pela ausência das amarras corporais.

A correlação entre modos de vida material e espiritual, bem documentada nos escritos mediúnicos, permite assegurar que a felicidade futura é uma decorrência natural do nosso nível de consciência espiritual, atingido em vida e, em especial, no momento da morte, considerada de extrema relevância por representar em larga escala uma síntese evolutiva da existência.

Pela tradição reencarnacionista, um dia compreenderemos que a vida é consciência em movimento evolutivo, portanto única, com variações infinitas de expressão, capaz de gerar diferentes formas de existir, todas transitórias, até a superação desse círculo e integração definitiva com Deus.

Até lá, a melhor conduta é fixar-se no presente, desenvolvendo nele o mais elevado nível de consciência. Desse modo, asseguraremos a melhor qualidade de vida possível no melhor dos mundos conscienciais.

55
Ações psíquicas

ACOSTUMADOS A VIVER COM A CONSCIÊNCIA limitada ao mundo físico, não percebemos que ele é um pálido reflexo da dinâmica do psiquismo criador, através das ações mentais permanentes.

Em nosso cotidiano, desconhecemos a força do pensamento na gênese dos acontecimentos, as contínuas interações com o mundo espiritual decorrentes do fenômeno de sintonia, as formas ideoplásticas resultantes do nosso trabalho mental e as psicosferas em que estamos mergulhados.

À semelhança dos homens da "Alegoria da Caverna" de Platão, tomamos o mundo da aparência como realidade e buscamos compreender a vida a partir das percepções restritas da consciência alegoricamente representadas pelas sombras na parede.

Um observador extrafísico descreveria esse cenário como sendo habitado por criaturas altamente alienadas de si mesmas, caminhando inconscientes ao sabor das influências oriundas da dimensão do Espírito, matriz de toda organização física.

55

Felizmente, alguns conseguem deixar a escuridão da caverna, fruto da consciência restrita. Após contemplar a luz e passar o período de adaptação, acordam para a verdadeira realidade do ser. Então tentam, por meios diversos, informar os que permanecem obscurecidos e até mesmo empolgados com o mundo das sombras.

Na maioria das vezes, suas tentativas são malogradas por falta de compreensão decorrente da inexistência de um referencial que a experiência constrói. Ainda assim, com o tempo, alguns se sensibilizam e conseguem ampliar a percepção. Isso faz diferença na interpretação dos eventos diários e na constituição de suas práticas mentais.

Essa inversão de foco na experiência humana tem sido realizada por místicos e médiuns de alta qualificação espiritual e é objeto constante dos relatos espirituais mediúnicos.

Todos nos conclamam a abrir as portas da percepção para o mundo do psiquismo e torná-lo marco decisório em nossa vida. Assim estaremos cumprindo o papel primordial da evolução, que é afirmar a supremacia das qualidades do ser Espírito sobre as limitações da matéria.

Progressivamente, vamos tomando consciência de que influenciamos o funcionamento do nosso corpo físico e relacionamo-nos psiquicamente com as células, ampliando estados de harmonia ou gerando patologias.

Nossos pensamentos repetidos alteram nossos estados afetivos e manipulam a matéria em outra dimensão, criando formas mentais que poluem ou purificam os ambientes, conforme sua qualidade evolutiva. Além disso, mesmo sem termos disso consciência, estamos em contínua interlocução com consciências desencarnadas, uma comunicação que se amplia particularmente nos estados de sono, altamente dependentes do grau de desenvolvimento espiritual.

Hoje sabemos, através dos informes espirituais, que os acontecimentos diários, antes mesmo de se tornarem fatos, já são realidades psíquicas. O paraíso e o inferno das civilizações humanas estão antecedidos pela ação criativa das mentes envolvidas nos dois planos da existência.

Quanto mais evoluído é o ser encarnado, melhor percebe quão limitadas são as percepções da consciência comum, fixada na vida física, e busca ampliá-las e qualificá-las evolutivamente.

Desse modo, dedica-se ao desenvolvimento dos potenciais da mente por meio de técnicas variadas como a meditação, a oração, o exercício mediúnico e as práticas de aperfeiçoamento do pensar.

Normalmente, agir dessa maneira exige disciplina, priorização de interesses para disponibilizar horário, orientação de praticantes mais experientes, em locais apropriados como, por exemplo, os templos.

Uma observação acurada de nosso funcionamento mental demonstrará facilmente que gastamos a maior parte do tempo pensando sem proveito efetivo, com ideias repetitivas, sendo algumas delas obsessivas e sem algo estruturante, em termos de Espírito. E, mesmo os que se dedicam ao desenvolvimento psíquico, em sua maioria, fazem-no em horários especiais, mas pouco atuam no nível alcançado fora dos ambientes de suas práticas.

Acreditamos que, diante da qualidade e quantidade de informações do mundo psíquico e do interesse crescente, ainda que por minorias ativas, é possível desenvolver projetos de atuação no mundo físico, a partir das criações psíquicas. Tomemos por exemplo o problema da violência, considerado cada vez mais grave. Ao compreender que ela é a expressão de uma psicosfera produzida por mentes desarvoradas, podemos agir diretamente nela a fim de modificá-la e impedir sua estimulação negativa em outras mentes doentias. Uma rede de pessoas atuando diariamente, aproveitando-se de um melhor uso do tempo mental, em qualquer lugar em que suas atividades permitam, contribuirá com alta efetividade para reverter o panorama.

Experimentos referendam tal projeto: mediante a utilização de meditadores treinados, foi observada a redução das ocorrências policiais no período de testes. O potencial da mente também vem sendo utilizado em pesquisas para reduzir disfunções orgânicas, físicas e psíquicas e influenciar ambientes, que assim se tornam imantados por psicosferas elevadas e harmonizam pessoas que os procuram.

À semelhança da energia elétrica, que sempre esteve presente no mundo, mas somente a partir do século XIX começou a ser aplicada pelo ser humano, a energia psíquica aguarda melhor conhecimento e uso para assegurar bem-estar na civilização, por vias de atuação pouco valorizadas. Quando isso ocorrer, lembraremos do passado como uma época de ignorância, felizmente ultrapassada.

56
Educação para a morte

QUANDO A MORTE CHEGA À CASA, O POVO FAZ alarido, dizia o poeta cearense Juvenal Galeno. Porém, hoje, ela é cada vez mais negada socialmente, ora pelo culto à juventude, ora pelo avanço tecnológico dos cuidados médicos que a transferiram para os leitos hospitalares.

A morte se faz, porém, cada vez mais presente na consciência subliminar das pessoas, sob a forma de sucessivos apelos à prevenção de doenças, em especial entre aqueles que entraram na meia-idade. Esse culto ao corpo e à sua longevidade com qualidade de vida é uma expressão do grau de consciência que possuímos sobre nós mesmos.

Embora sejamos frutos de uma cultura arquetípica que se funda na experiência da superação da morte através do reaparecimento do Cristo após a crucificação, e estejamos conectados interexistencialmente por meio de várias formas de utilização da mediunidade nas religiões e, mais recentemente, pela tecnologia da transcomunicação, ainda assim, tememos a morte e negamos o envelhecimento.

56

Essa conduta deve ter uma razão de ser evolutiva para ser justificada sua forte presença em nossas vidas.

Como alguns relatos mediúnicos e de experiências de regressão a vidas passadas demonstram, a maioria das pessoas viveu o fenômeno da morte como traumático, com perturbação da consciência, momentos de fixação de memórias desagradáveis que as fizeram reencarnar e até mesmo mantendo inconsciência do mundo espiritual durante o intervalo entre duas vidas.

Acresce-se ainda a sensação de fracasso que alguns relatam por não terem realizado o que pretendiam fazer e a presença do remorso que os faz sofredores. Portanto, nossas experiências de morte, majoritariamente, ainda são desagradáveis.

Além disso, vale notar que a consciência do ego físico, emocional, mental e valorativo representa, até o momento, a maior conquista que o ser em evolução conseguiu organizar em termos de complexidade, para expressar sua essência, e com ela identifica-se de tal maneira que qualquer ameaça de perda é vivenciada com intenso sofrimento – sendo a morte, simbolicamente, a maior delas.

Não é de se estranhar que ainda valorizemos o que temos e organizemos nosso bem-estar em torno das nossas posses, tanto materiais quanto subjetivas. Não conseguimos, na maior parte da vida, vislumbrar a experiência de viver para o que somos e, dessa experiência, fruir a liberdade que a renúncia psicológica da dominação do ego permite.

Sabemos que somos Espíritos, mas vivemos como se fôssemos um corpo – eis o nosso paradoxo.

Nossa crença na imortalidade é predominantemente discursiva, intelectual e, portanto, não foi assimilada no mundo afetivo. Por isso, sofremos tanto com a proximidade da morte. Ou, simplesmente, negamo-la e a eliminamos da nossa consciência.

Em se tratando de um fato tão universal, democrático e inevitável, a morte deveria merecer maior destaque em nossas práticas educacionais, tendo em vista, pelo menos, o objetivo de livrar-nos do sofrimento de sua proximidade.

Algumas aprendizagens nos serão muito úteis e, entre elas, destacamos o exercício permanente para liberação dos apegos e desidentificação do ego; a convivência com fenômenos mediúnicos, em grupos bem organizados; a prática da meditação sobre a transcendência; a essência do nosso ser e os fenômenos de transformação do Universo; a participação em atividades com pacientes em situação de risco potencial de morte; a prática do sonho lúcido em contato com o mundo espiritual; os exercícios psicoterápicos de descoberta dos nossos mecanismos de fuga e dos medos, com real aceitação e superação deles; e a análise e o aperfeiçoamento de nossas condutas cotidianas para vivê-las em consonância com as exigências de nossa consciência mais profunda – onde se inscreve a representação mais elevada da lei de Deus.

Quando essa temática permear nossa cultura educacional e se refletir na organização dos serviços sociais, seremos capazes de criar cursos de preparação para a morte e acompanharemos esse fenômeno como alguém encarcerado que contempla a libertação de um companheiro.

A sensação do dever cumprido ou de missão realizada, e a alegria da recuperação da capacidade de perceber a família e a pátria espiritual – nossa verdadeira realidade – dominarão esses instantes e veremos que a morte se transmuta em imortalidade, o efêmero em permanente, e o tempo em eternidade.

57
Planejamento familiar espiritual

APRENDEMOS COM OS AMIGOS ESPIRITUAIS, através dos informes mediúnicos, a relevância do processo reencarnatório como meio adequado para a educação do ser. Trata-se de um fenômeno que varia enormemente, conforme o nível de desenvolvimento do Espírito, a complexidade do papel social a ser desempenhado e as relações familiares necessárias à evolução.

Grande percentagem das gestações recebe um tratamento padronizado do mundo espiritual, pois obedece, em larga escala, aos automatismos das leis biológicas e psicoespirituais.

Entretanto, à medida que a alma evolui em conhecimento e responsabilidade, os preparativos tornam-se mais complexos, a ponto de se constituírem serviços especializados no mundo espiritual para cuidar de tais situações.

Nesses casos, o planejamento familiar espiritual se inicia muito antes da concepção, através da realização de estudos e de acordo com as necessidades de aprendizagem do Espírito candidato à reencarnação.

57

Portanto, são definidos o provável corpo físico e as possibilidades de influência sobre a herança biológica, pois é possível aos Espíritos imprimir certas modificações à matéria, principalmente na fase embriológica, assegurando alterações favoráveis ao desempenho do futuro ser.

Elas são trabalhadas em função das metas educativas previstas e podem incluir melhorias e reforços em alguma parte vital do corpo, como também acréscimos de predisposições doentias ou defeitos orgânicos.

Em ambas as situações, o que se pretende é desenvolver um organismo em consonância com os objetivos primordiais da encarnação. A título de exemplo, recordamos um caso em que o corpo foi planejado com uma perna doente, como antídoto à vaidade e sentinela contra a devastação do amor-próprio.

Outro exemplo é retratado pelo caso do Espírito que deveria exercer um papel social público com uso intensivo da fala e teve um planejamento especial para os órgãos de fonação.

O corpo físico é assim construído como uma representação das necessidades psicoevolutivas do Espírito. A existência humana não é um ato acidental, mas sim uma expressão da ordem divina, que assegura a cada ser os dons da vida, conforme suas demandas de crescimento espiritual.

Para realizar tais definições corporais, são feitos estudos sobre o passado do Espírito interessado, às vezes com técnicas sofisticadas de acesso à sua memória integral, para identificação dos pontos mais vulneráveis e escolha das circunstâncias históricas e sociais necessárias à evolução do ser.

Levam-se também em consideração as realizações e progressos alcançados durante a permanência no mundo espiritual e as intercessões de amigos, decorrentes do mérito advindo das boas relações afetivas.

A imersão no corpo físico, portanto, é uma custosa viagem ao reino das experiências espaço-temporais, com finalidades individuais bem definidas.

Após o término dos estudos, começam as atividades de preparação da família, trazendo-se o Espírito para o campo psíquico dos futuros genitores, que vão adaptando-se às influências fluídicas do filho.

Em muitos casos, são realizados encontros espirituais durante o sono, às vezes recordados como sonhos.

Quando há afinidade entre todos os envolvidos e não há grandes problemas morais ou débitos perante a lei divina, o fenômeno de aproximação é bastante agradável. O inverso pode ocorrer, quando há reencontros de desafetos ou participação de Espíritos atrasados ou psiquicamente muito doentes.

Nesses casos, o auxílio do mundo espiritual pode ser significativo, favorecendo a reeducação afetiva por meio da terapia do perdão ou ações facilitadoras de minimização dos processos doentios.

Em qualquer circunstância, a preparação dos pais em termos espirituais é fator facilitador. São variáveis importantes: o equilíbrio emocional do casal e a escolha da época da gestação, considerando-se as atividades do período de acolhimento espiritual do futuro filho. Tais atitudes podem assegurar um bom trânsito para este mundo.

O trabalho durante a gestação é igualmente complexo. Os Espíritos construtores responsáveis pelo planejamento podem auxiliar na seleção do espermatozoide e do óvulo, e em todo o processo embriológico.

Também é importante o molde psíquico materno para o corpo em gestação. O perispírito do ser em reencarnação, após uma etapa de restringimento no mundo espiritual, participa da formação corporal, determinando a diferenciação celular como um campo biomagnético modelador de formas.

Essa é uma fase decisiva para o sucesso da nova viagem corporal, pois as interações psicofísicas entre mãe e filho e, em menor grau, dos outros familiares, são altamente influenciadoras. Os estudos das matrizes perinatais pelos pesquisadores encarnados confirmam as informações mediúnicas.

O estudo da vida e, em especial, do desenvolvimento embriológico, por meio dos textos acadêmicos oficiais, é capaz de sensibilizar-nos, despertando um grande sentimento de reverência à vida.

Os relatos espirituais, ao apresentarem a verdadeira trama interexistencial de nossa reencarnação, além de causar deslumbramento pela percepção das leis cósmicas do existir, convocam-nos a um respeito e uma responsabilidade imensos, perante a gestação.

Em tempos de facilidades sexuais, a educação do ser em torno do planejamento familiar adequado torna-se imperiosa. A gravidez indesejada, os abortos e as mortes maternas decorrentes são o corolário do uso, sem educação, das energias procriativas.

Quando nossa lembrança do que ocorre no mundo espiritual for mais clara, participaremos com maior consciência de todo o planejamento do renascer. Assim, seremos aliados das entidades elevadas na valorização da vida, oferecendo oportunidades de alta qualidade ao progresso dos Espíritos, ainda necessitados da reencarnação.

58
O além existe

ENTRE AS DORES INTENSAS QUE AFETAM INDIScriminadamente o ser humano está aquela decorrente da perda de entes queridos.

Ela é irreparável, independe de nossa vontade e representa uma prova ou expiação, afirma a codificação espírita.

Como descreveu Léon Denis, a impressão diante de um leito de morte é pungente, e inclina todo ser humano a buscar explicações sobre o significado da vida e o aparente mistério da morte. Também nos obriga a refletir sobre o que nos espera logo mais no fluir do tempo.

É sempre doloroso perceber que um dos seres amados vai morrer. Ver estender-se sobre ele, sobre suas feições, a sombra da morte. Perceber o apagar do brilho dos olhos, reflexo de um foco interior que se extingue. E notar que tudo aquilo que atestava a vida – os sons proferidos, os movimentos corporais, as escutas, os gestos – progressivamente desaparece.

E as lembranças levam-nos a indagar: Por que tantas lutas, tantos sofrimentos, se tudo deve terminar? E os amores intensos, os momentos de ternura e carinho, as expressões de cuidado, tudo deve fluir para o olvido eterno? Afinal, o que significamos neste imenso cosmo e neste longevo passar do tempo?

Somos um inexpressivo grão de areia na vastidão do Universo que se desfaz com o tempo ou um participante ativo de um eterno devir que se transmuda com a morte para expressar-se em outras dimensões existenciais?

A essas indagações que martirizam o cotidiano humano e a essas dores superlativas decorrentes das perdas afetivas, o espiritismo responde com uma prática concreta de comunhão com os mortos, que simultaneamente demonstra a existência do além e consola os aflitos do mundo físico.

O espiritismo traz de volta à civilização científica as experiências que animaram os iniciados de outros povos, pois tal comunhão está presente nos templos do Egito, nos mistérios da Grécia, nos recintos de pedra da Gália, nos livros sagrados, monumentos e tradições de todos os tempos.

Tal prática foi a matriz do culto dos ancestrais, na homenagem aos manes[136] dos heróis, na criação de seitas com deuses familiares, no erigir de altares para santos.

---

136 "Manes": na Roma Antiga, eram os Espíritos dos mortos, especialmente dos antepassados; a origem etimológica da palavra remete a

Em instigante resposta, os Espíritos afirmaram que o antídoto para a dor da perda dos entes queridos está na consolação em podermos nos comunicar com os nossos amigos pelos meios que estão ao nosso alcance, enquanto não dispomos de outros mais diretos e mais acessíveis aos nossos sentidos. E acrescentam que não há profanação em comunicar-se com o além-túmulo, desde que se faça com recolhimento e respeito.

A prova dessa assertiva, afirmam, é que os Espíritos afeiçoados acodem com prazer a nosso chamado e se sentem felizes pelas nossas lembranças.

A história recente do espiritismo comprova as opiniões exaradas pelos Espíritos na codificação espírita. Em grupos mediúnicos sérios, o intercâmbio interexistencial tem revelado a face oculta de um mundo, ampliando gradualmente nossa percepção e tornando-se, em muitos casos, a matriz da nossa realidade sensorial.

E, não raras vezes, reencontramos afetos que nos orientam e nos consolam, contando suas peripécias após a morte. Com o advento de tecnologias de transcomunicação,[137] novos meios de entrar em contato com os Espíritos já estão sendo utilizados, prometendo revolucionar o acesso às realidades do mundo espiritual.

---

manus (sinônimo de bons, benévolos), modo interessante, portanto, de se referir aos mortos como "os bons".

137 Um breve panorama sobre a transcomunicação instrumental (TCI) situará o leitor interessado em mais informações sobre o tema. Sônia Rinaldi, da Associação Nacional de Transcomunicadores (ANT), é

Felizmente, tais possibilidades não estão restritas à minoria espírita. Afinal de contas, o "Espírito sopra onde quer" (*João*, 3:8).

Em interessante publicação católica, intitulada *O além existe*,[138] há o depoimento de um pai desolado que reencontra a esperança na vida, a partir dos contatos mantidos por via mediúnica com seu filho, misteriosamente desaparecido, e que se descobriu ter sido assassinado.

O livro é referendado por representantes eclesiais que afirmam:

> **Deus pode querer a intervenção de alguns falecidos em nossa vida para nos ajudar a acreditar na vida eterna e para nos admoestar a que não nos apeguemos às coisas deste mundo.**

---

considerada pesquisadora líder no Brasil, país que vem obtendo os melhores resultados mundiais, incluindo cerca de 300 telefonemas para o "outro lado" com um índice de reconhecimento da voz do desencarnado em 83% – níveis de clareza e identificação elevados. As técnicas evoluíram consideravelmente. Os métodos antigos, com gravadores, foram substituídos por captações diretas via computador, incorporando sincronia de voz e imagem, condição necessária a uma maior robustez nas evidências.

138 A obra de Lino Sardos Albertini, *Esiste l'aldilà: um'eccezionale testimonianza rigorosamente documentata* ("Existe o além: um testemunho excepcional rigorosamente documentado"), foi traduzida e publicada no Brasil, pela Loyola, como *O além existe: testemunho extraordinário rigorosamente documentado*.

Reconhecem que a proibição das autoridades católicas ocorre em função da necromancia, do medo das fraudes e dos Espíritos negativos do além e seu risco de desviar almas do terreno da fé, bem como provocarem o fenômeno da possessão. E concluem que a atitude de desinteresse e de estranheza que, no último século, por influência do positivismo dominante, caracterizou boa parte da cultura católica com relação aos contatos mediúnicos, deve ser superada na atualidade.

Em seus esclarecimentos, propõe os critérios para identificar a verdadeira comunicação mediúnica: o morto nunca negará pontos substanciais do *Evangelho* e do ensino da Igreja. Poderá, até mesmo, fornecer deles confirmação e aprofundamento. De sua intervenção devem surgir efeitos positivos do ponto de vista moral e religioso.

Apesar das restrições impostas aos Espíritos para concordarem com a Igreja a fim de serem reconhecidos como autênticos, acreditamos ser significativo avanço a abertura católica aos fenômenos mediúnicos relatados nesse livro.

Desse modo, seus seguidores poderão beneficiar-se de contatos com o além e ter suas dores minoradas no âmbito de sua própria comunidade. O advento do saber espírita como cultura universal não se dará pela eliminação das estruturas religiosas vigentes.[139]

---

139 O médium Carlos Pereira, da Sociedade Espírita Ermance Dufaux, de Belo Horizonte, lançou em 2007 o livro psicografado *Novas utopias*, atribuído a Dom Hélder Câmara, conhecido bispo pernambucano. Figuras importantes do catolicismo atestaram a autenticidade da

Progressivamente, elas assimilarão as descobertas espíritas e reordenarão suas práticas sem abandonar suas estruturas, fruto de um exercício multimilenar, em termos de organização. Mas o que importa é que a morte perderá seu caráter ameaçador e o silêncio do além será substituído pelas redes de comunicação interexistencial.

---

autoria da obra. Como a verdade espiritual não é propriedade dos espíritas, não há nenhum problema que religiosos de quaisquer credos venham a se manifestar mediunicamente após sua desencarnação...

59

Essência, existência e evolução

AFINAL, O QUE SOMOS? ESSA É UMA PERGUNTA desafiadora, que tem motivado respostas variadas ao longo da história da filosofia. A tese espírita, baseada na experimentação e na reflexão dos Espíritos, é uma síntese das disputas entre os que buscam a substância das coisas – os essencialistas; e os que encaram as coisas em sua realidade imediata – os existencialistas.

Ela afirma que o Ser Único, Deus, cria os seres como princípio inteligente. Essa essência se reveste de formas diversas no processo evolutivo, em uma variedade infinita de manifestações na ordem da existência, formando uma gigantesca escala que as ciências distribuem em classificações minerais, vegetais e animais.

Portanto, a essência – também chamada de Espírito – e a forma constituem a existência. Essa forma é a presença de um elemento intermediário, o fluido universal, que, em suas modificações diversas, apossa-se da matéria para amoldá-la e permitir sua intelectualização.

No ser humano, a realidade é constituída de um complexo tríplice: Espírito, perispírito e corpo; mas toda essa complexidade não passa de uma expressão pluralista de um monismo fundamental, o Espírito que tudo abarca e controla como realidade última.

Para percebê-lo, entretanto, é necessário ultrapassar as camadas existenciais que são a sua manifestação. Esse é o problema básico da evolução. No seu aspecto existencialista, o espiritismo afirma que evoluímos através das sucessivas manifestações e vemos as coisas numa perspectiva existencial, mas em tudo buscamos o real, que é a essência.

O ser humano é considerado o ápice da manifestação do Espírito na escala existencial. Não obstante, há ainda um longo percurso evolutivo já entrevisto, que constitui suas possibilidades de manifestar-se plenamente, conforme sua natureza essencial de criação divina.

Para tanto, ele precisa superar o domínio da matéria e adquirir a consciência total de si mesmo. Isso ocorre à medida que ele se aproveita de suas sucessivas vidas corporais e se expressa cada vez mais com atitudes angelicais.

Como a essência não está sujeita à deterioração e ao perecimento, o fenômeno da morte não a atinge, havendo a conservação da individualidade, que é atemporal, indestrutível, e que representa a atualização das potencialidades do princípio inteligente.

O mundo das essências é original, contínuo, permanente e modelador do mundo físico. Este último é uma aparência ou o que aparece ilusório no sentido de não ser a realidade verdadeira, mas necessário para chegarmos a ela.

Como afirma Allan Kardec, o mundo dos Espíritos é o mundo normal, primitivo, eterno, preexistente e sobrevivente a tudo. O mundo corporal é secundário; poderia deixar de existir ou não ter jamais existido, sem que por isso se alterasse a essência do mundo espírita.[140]

A filosofia espírita compreende que estamos humanos, mas somos Espíritos. Essa diferenciação é fundamental, pois simultaneamente clarifica nossa condição essencial e nossa manifestação existencial. Não nos limita à existência no mundo fenomênico, mas nos faz perceber nossa continuidade além da morte.

A investigação científica espírita descreve o viver nos dois mundos – material e espiritual – e seu ciclo de alternância ou o suceder das existências no mundo físico, como processo reencarnatório.

A compreensão de nossa natureza essencial e sua manifestação completa nos mundos já mencionados é a tarefa primordial do ser Espírito na sua trajetória evolutiva.

Assim, progressivamente, vamos tomando consciência das limitações impostas pelo corpo físico atual, percebendo sua natureza transitória e descobrindo que ele é um instrumento para uso nosso.

---

140 Allan Kardec, *O livro dos Espíritos*, questões 85 e 86.

Mesmo como algo sagrado, é ainda um espelho onde se expressa o ser original. Depois, apropriamo-nos da noção do mundo espiritual, onde o envoltório do Espírito – o perispírito – situa-se e manifesta-se também transitório e perecível.

Por fim, desenvolvemos a percepção da nossa essência. Identificamos, então, que a imortalidade é natural e reconhecemos nossa condição de ser criação divina, como algo que subsiste a toda transformação.

A eternidade, na plenitude, nos espera, e todos, sem exceção, vivenciaremos tal experiência em mundos superiores ou além deles. Não há, portanto, infernos, limbos ou purgatórios para o espírita, a não ser como situação transitória na evolução. Nosso destino chama-se Deus.

60
Tempo para servir a Deus

HÁ MUITOS ANOS, LI UM POEMA DE MICHEL Quoist que tratava de nossa disponibilidade de tempo para nos dedicarmos ao serviço divino ou à realização do sagrado. Com muita propriedade, ele descrevia o movimento das pessoas e a enorme falta de tempo, à medida que as cidades cresciam.

Já não havia mais condições sequer de exercitar prazerosamente o diálogo interpessoal e a convivência fraterna, pois todos estávamos assoberbados de compromissos. E citava que as crianças não dispunham de tempo, pois eram tantos os estudos e brincadeiras...

Os jovens, por sua vez, estavam muito ocupados em seus interesses típicos da idade. Os adultos estavam entretidos em negócios, na constituição e manutenção da família, na conquista de um lugar na sociedade... Os avós tinham os netos... E depois, estavam à morte e não havia mais tempo. Horas curtas demais... dias que passavam muito rápido... anos cada vez mais velozes.

Assim, todos brigavam contra o tempo escasso, e o poeta chegava a conjecturar que talvez Deus tivesse errado na medida do tempo. Mais adiante, entretanto, dizia que ele tinha todo o tempo de sua vida para dedicar a Deus. Tudo o que fizesse estaria realizando sob a Sua égide. Nada escaparia de Sua sagrada presença.

Tantas décadas depois, a situação parece ter-se agravado. Multiplicamos nossas necessidades pessoais e o trabalho para satisfazê-las, numa onda de consumismo tão interminável, que o tempo para qualquer outro pensamento praticamente desapareceu.

Cada vez mais, somos escravos do possuir. Coisificamos até mesmo os sentimentos e transformamos tudo em riqueza a ser alcançada e acumulada, em função de um futuro sobre o qual não possuímos qualquer controle.

Em desenfreada competição, gastamos nosso tempo como ganhadores e perdedores transitórios. Insatisfeitos, passamos a vida fixando-nos na sucessão de perdas que nela experimentamos, até percebermos que ela é a próxima e definitiva perda.

E muitos que praticam alguma religião fazem-no, ora como obrigação – uma atividade secundária –, ora como um meio de obter ganhos materiais e sociais.

Transformam o templo em local de buscas para suas necessidades mundanas e querem colocar Deus a serviço de seus caprichos. A religiosidade, então, se transforma em comércio.

Essa maneira de viver – que chamamos de civilização – cobra cada vez mais um preço alto em termos de gastos com segurança, cuidados com estados mentais depressivos, incertezas ansiogênicas, dificuldades relacionais e uma falta de real alegria de viver.

Como a evolução é uma lei irreversível, algum dia despertaremos das ilusões do mundo das aparências em que estamos vivendo e descobriremos um outro jeito de lidar com as situações de sobrevivência.

A prioridade passará a ser a expressão de Deus em nossas ações, presentificá-Lo no mundo e sacralizar todos os nossos feitos. Assim, superaremos a condição de cultores da espiritualidade nos espremidos horários de um labor mundano e, psiquicamente, atuaremos no cotidiano conectado com o propósito de servi-Lo.

Sairemos progressivamente da roda-viva consumista e encontraremos mais liberdade na crescente simplicidade voluntária. Onde estivermos, agiremos recordando a presença divina, semeando os valores universais e o sagrado com condutas inspiradas na alegria de servir a Deus.

E descobriremos, por experiência, que o mundo que percebemos é também fruto de nossa ação criativa, particularmente em função de nosso estado mental.

Quando estabelecermos uma verdadeira comunhão com Deus, ou uma legítima participação mística no divino, transformaremos em substância nosso estar no mundo. Tudo o que fizermos carregará a marca do sagrado. E o tempo, todo ele, será usado para manifestar Deus.

Para tanto, não será necessário que nos tornemos religiosos profissionais ou nos afastemos das atividades mundanas. Fundamental será que coloquemos o toque do divino naquilo que realizarmos.

Em qualquer atividade, poderemos desenvolver tal ação. E isso se fará sintonizando com um propósito mais profundo e transcendente que todo ato possui.

Uma lição oriental expressa bem tal atitude. Nela, há o relato sobre a existência de um místico, que, antes de se iluminar, descascava batatas para a comunidade de iniciados e que continuou na mesma rotina após a iluminação espiritual.

Quando indagado por que não alterara seu comportamento, ele respondeu que isso se havia transformado substancialmente, pois sua tarefa agora era feita iluminadamente, como um ato de reverência e sustentação da vida.

Servir a Deus é dispor-se a caminhar em direção à realidade perene. É dedicar-se a conhecer-se na própria essência. É descobrir o significado mais profundo da existência e aproximar-se do substancial e do definitivo. Nada há de mais importante na vida.

Felizes seremos, quando, em meio às agruras do cotidiano, pudermos constatar que todo o nosso tempo está dedicado a viver o sagrado, trazendo para a vida manifesta a presença de Deus.

61
Consolação

61

A ti, meu irmão, que sofres e choras sobre um leito de dores ou numa cadeira de rodas. A ti que cego, não poderás contemplar, com os olhos do corpo, a consoladora luz do Sol nem o semblante do ser amado. A ti que na melancólica penumbra dos hospitais ou dos casebres, prossegues na marcha da própria redenção – ofereço estas páginas extraídas da minha solidariedade à tua dor.[141]

LEON TOLSTÓI

141 Este trecho consta do conto "O Paralítico de Kiev", da obra *Ressurreição e vida*, psicografia de Yvonne do Amaral Pereira.

QUANDO O OCEANO DA TUA VIDA SE ENCAPElar com ondas bravias e destruidoras de todos os teus projetos...

Quando, após longos anos de perseverante trabalho, perceberes que o fruto do teu esforço te escapa completamente e outros aparentemente mais afortunados usufruem dos resultados...

Quando perceberes que afetos persistentemente cultivados, numa mudança de seu ritmo de existência, afastam-se sem maiores considerações, lançando-te no infortúnio da solidão...

Quando tuas ideias e ideais laboriosamente cultivados como o melhor dos teus esforços psíquicos forem subitamente combatidos como perigosos ou esquecidos como insanos por aqueles que seriam seus naturais defensores...

Quando a bonança econômica desaparecer do teu horizonte próximo por ações que independem do teu modo de estar no mundo...

Quando o corpo físico apresentar sinais de exaustão e até mesmo de adoecimento, impossibilitando-te o prosseguimento da vida com o mesmo ímpeto ou na mesma trajetória...

Quando as dores da alma se tornarem superlativas e um imenso desencanto apropriar-se do teu sentir, observando sonhos aparentemente inalcançáveis, abandonos inexplicáveis, perdas afetivas irreparáveis, estabilidades desmoronadas...

E então perceberes, em lágrimas que aljofram o âmago do ser, que estás em profunda solidão, sem destino, sem ímpeto, sem forças...

E que tuas tentativas últimas de remendar as histórias vividas até então, resultaram em fracasso e mais desalento...

Então, companheiro da grande viagem da evolução, estarás sendo chamado para algo grandioso na história de tua alma.

Já não te serve mais a antiga lenda pessoal nem o velho mitologema[142] gestor de teus passos...

À semelhança de uma metamorfose no mundo dos insetos, a vida e seus corolários estarão arrancando-te do mundo da lagarta para conduzir-te a um escuro período de casulo, a fim de te transformar em um ser alado de um novo mundo.

Não resistas a esse chamado. Não tentes manter os padrões que se desmoronaram nem permaneças com quem quis se distanciar.

Tu, alma sofrida, és portadora de uma ferida sagrada, capaz de impulsionar-te para muito longe, nos páramos evolutivos.

Entrega-te, sem luta, ao apelo da vida e, recolhido, abre-te à inspiração transcendental. Ouvidos do infinito escutarão teu preito sentido de orientação, e vozes numinosas responder-te-ão.

---

142 "Mitologema": parte de uma narrativa cujos elementos ou tema compõem um mito; em outros termos, é a unidade mínima, concreta e repetitiva dentro dos mitos.

Aguarda, porém, um tempo para que consigas assimilar e habituar-te às significativas transformações que se estão operando.

É o tempo precioso de lapidação que fará a ponte entre teu antigo jeito de existir e teu emergente modo de estar.

Em alguns seres, tão grande será a transmutação que os conduzirá da consciência finita à percepção do Infinito; da prisão do temporal à liberdade do Eterno; da inconstância do relativo à permanência do Absoluto.

Teu sofrimento atual, às vezes digno da pena de Dante em suas descrições infernais, pois que destrói teu mundo exterior e queima com um fogo invisível o âmago do ser, é a preparação de uma alvorada de deleite no viver que se avizinha.

Recorda-te que não estás a sós no fluir da vida. Que muito antes de ti, milhares de seres viveram metamorfoses similares, assegurando o seu valor e as possibilidades de sucesso.

E que nesse instante do teu existir, outros seres te aguardam jubilosos, apoiando-te nessa mutação. Tua solidão é apenas ilusão momentânea da percepção embotada pelo impacto das perdas.

Todos, afinal, estamos submetidos à atração do divino. Ela sempre nos sustenta como uma estrela em torno da qual gravitam os planetas. Nestes momentos de dor, de angústia e de desespero, torna-se mais fácil de ser percebida, pois nossas lágrimas, além de expressarem a revolta contra a tirania do efêmero que orientava nossa vida, representam uma intensa busca de compreensão do Definitivo.

Entrega-te, assim, à oração. Ela será teu lenitivo, enquanto esperas o socorro desejável.

Ora, mesmo que sem palavras, pois o sentimento será a força propulsora que levará teu apelo ao seio de Deus.

Tanto quanto possível, liberta-te dos pedidos tipicamente mundanos ou materiais. Esquece as fórmulas fáceis de solução dos problemas, pois elas pertencem à antiga história.

Agora é o momento de se aniquilar enquanto ego dominador, porém limitado, para permitir que Ele se manifeste em ti e através de ti para o mundo. Tua dor então se transmutará. O cálice da amargura se secará. A onda de revolta desaparecerá. O descanso da resignação se extinguirá. Ela reaparecerá como paixão do univérsico amor ao transcendente.

Então bendirás as provas da vida, a dor depuradora que provocou a tua ascese.

Quando as dores da alma se tornarem superlativas e um imenso desencanto apropriar-se do teu sentir, observando sonhos aparentemente inalcançáveis, abandonos inexplicáveis, perdas afetivas irreparáveis, estabilidades desmoronadas...

E então perceberes, em lágrimas que aljofram o âmago do ser, que estás em profunda solidão, sem destino, sem ímpeto, sem forças...

Então, companheiro da grande viagem da evolução, estarás sendo chamado para algo grandioso na história de tua alma.

À semelhança de uma metamorfose no mundo dos insetos, a vida e seus corolários estarão arrancando-te do mundo da lagarta para conduzir-te a um escuro período de casulo, a fim de te transformar em um ser alado de um novo mundo.

Recorda-te que não estás a sós no fluir da vida. Que muito antes de ti, milhares de seres viveram metamorfoses similares, assegurando o seu valor e as possibilidades de sucesso.

Ora, mesmo que sem palavras, pois o sentimento será a força propulsora que levará teu apelo ao seio de Deus.

Agora é o momento de se aniquilar enquanto ego dominador, porém limitado, para permitir que Ele se manifeste em ti e através de ti para o mundo. Tua dor então se transmutará. O cálice da amargura se secará. A onda de revolta desaparecerá. O descanso da resignação se extinguirá. Ela reaparecerá como paixão do univérsico amor ao transcendente.

Então bendirás as provas da vida, a dor depuradora que provocou a tua ascese.

VI

CONCLUSÃO

*Demonstrando a existência e a imortalidade da alma, o Espiritismo reaviva a fé no futuro, levanta os ânimos abatidos, faz suportar com resignação as vicissitud*ES DA VIDA.

Allan Kardec

***in O livro* dos Espíritos, conclusão, seção III**

VI

62
A riqueza da sabedoria espírita

QUANDO NOS APROFUNDAMOS NOS ESTUDOS espíritas, percebemos que estamos diante de uma síntese cultural universalista, inovadora do ponto de vista do modo de produzir conhecimento.

A compreensão de sua riqueza em matéria de interpretação do significado do mundo, e da existência humana, estabelece-se à medida que nos apropriamos dos seus princípios através de vivências e, assim, descortinamos estágios mais avançados da expressão da consciência em evolução.

Por se tratar de um saber em permanente expansão, exige que seus profitentes estejam atualizados em relação ao que se produz na sua comunidade e, através de estudos comparados, estabeleçam intercâmbios com outros saberes, mantendo-se adequadamente sintonizados com a época e a história contemporânea.

Dessa forma pensava Allan Kardec, ao afirmar que o espiritismo caminharia sempre atento aos avanços da ciência, cotejando as informações e oferecendo sua contribuição, especialmente no que tange à investigação do Espírito.

Mas, como acontece historicamente com todo movimento social, os seguidores nem sempre possuem a competência dos pioneiros, agindo de forma a petrificar o saber original, através da sua transformação em dogma.

Além disso, podem tomar uma parte pelo todo, a forma cultural da apresentação da ideia pela essência dela mesma e, pior, trazer sua experiência atávica ou arquetípica para a organização do movimento espírita, abafando sua originalidade com estruturas que são decorrentes de nosso passado evolutivo.

Daí porque consideramos relevante recordar algumas facetas da grandeza do saber espírita, que, entendemos, nos deixará mais confortáveis para analisar e assimilar ou rejeitar as mais variadas propostas de atuação espírita.

O espiritismo é um conhecimento sintético que nasceu com o propósito de promover a aliança da ciência com a religião, instituindo-se, também, como uma proposta filosófica. Reduzi-lo a qualquer de seus aspectos, ou percebê-lo isoladamente, é abdicar da imensa vantagem que sua transdisciplinaridade pioneira propõe.

Sua originalidade em termos de produção do conhecimento, realizando um projeto interexistencial, não pode ser olvidada. Seremos mais bem-sucedidos se nos utilizarmos tanto da capacidade intelectual dos encarnados como das informações dos desencarnados, num intercâmbio saudável, cujos resultados sejam aprovados pelo crivo da razão e da experimentação.

O entendimento de religião proposto pelo espiritismo para seus adeptos ultrapassa o estágio pré-racional, mítico e simbólico da maioria dos movimentos religiosos, colocando à sua disposição a fé que encara a razão.

Dessa forma, dispensa dogmas, conhecimentos infalíveis, rituais, representações simbólicas, sacramentos e autoridades que favoreçam nossa relação com Deus.

Compreende, porém, que eles são necessários para aqueles que psiquicamente ainda não conseguiram superar tal fase evolutiva e ainda necessitam das instituições religiosas que se organizam dessa forma.

A existência no mundo possui uma finalidade bastante abrangente, pois nosso papel é de cocriadores da obra de Deus. Embora sejam relevantes todas as práticas de melhoria da vida física, é preciso estar atento para não reduzirmos nossas ações sociais a meros auxílios materiais que constituem obrigação de qualquer consciência humana. Nosso foco é o Espírito imortal em evolução.

A capacidade de relacionar-se com o mundo espiritual, ressignificada nos estudos espíritas, pode ser uma fonte imensa de recursos para a evolução da consciência, consolando, esclarecendo e renovando saberes. Não podemos transformá-la em canal de pedidos simplórios para resolução de problemas que somos capazes de resolver, ou motivo de espetáculos fenomênicos improdutivos.

Referindo-se ao futuro do movimento espírita, Léon Denis afirmava que ele dependia da ação dos homens. Nós somos os construtores de sua história. E para nos mantermos em consonância com seus pioneiros é necessária mais dedicação ao estudo, mais originalidade nas ações sociais e melhor vivência do caráter libertário, superando velhas formas de se praticar religião, filosofia ou ciência.

O espiritismo é um conhecimento sintético que nasceu com o propósito de promover a aliança da ciência com a religião, instituindo-se, também, como uma proposta filosófica. Reduzi-lo a qualquer de seus aspectos, ou percebê-lo isoladamente, é abdicar da imensa vantagem que sua transdisciplinaridade pioneira propõe.

Sua originalidade em termos de produção do conhecimento, realizando um projeto interexistencial, não pode ser olvidada. Seremos mais bem-sucedidos se nos utilizarmos tanto da capacidade intelectual dos encarnados como das informações dos desencarnados, num intercâmbio saudável, cujos resultados sejam aprovados pelo crivo da razão e da expeRimentação.

O LIVRO DO ESPIRITISMO

a face eterna do ser

InterVidas infinda

DIREITOS AUTORAIS
FEEB – Federação Espírita do Estado da Bahia
CNPJ 15 171 754/0001-81
Rua Coronel Jaime Rolemberg, 110 Brotas
40 279-140 Salvador BA
71 3359 3323 feeb.org.br

DIREITOS DE EDIÇÃO
Organizações Candeia Ltda.
CNPJ 03 784 317/0001-54 IE 260 136 150 118
Rua Minas Gerais, 1 640 Vila Rodrigues
15 801-280 Catanduva SP
17 3524 9801 intervidas.com

DADOS INTERNACIONAIS DE CATALOGAÇÃO
NA PUBLICAÇÃO [CIP BRASIL]

P379l
PEIXINHO, André Luiz [1951–2024]
O livro do espiritismo: a face eterna do ser
André Luiz Peixinho
Catanduva, SP: InterVidas, 2025
320 p. ; 15,7×22,5×1,7 cm

ISBN 978 85 60960 49 1

1. Espiritismo 2. Filosofia 3. Ciência 4. Religião
5. Doutrina Espírita

I. Título

CDD 133.9 CDU 133.7

ÍNDICES PARA CATÁLOGO SISTEMÁTICO
1. Espiritismo 133.9
2. Espiritismo : Filosofia 133.901
3. Espiritismo : Ciência 133.902
4. Espiritismo : Religião 133.903
5. Espiritismo : Doutrina Espírita 133.9

EDIÇÕES
1ª ed., 1ª tir., outubro de 2025, 2 mil exs.

IMPRESSO NO BRASIL · *PRINTED IN BRAZIL* · *PRESITA EN BRAZILO*

Colofão

TÍTULO
O livro do espiritismo: a face eterna do ser

AUTORIA
André Luiz Peixinho

EDIÇÃO
1ª edição (1ª tiragem)

EDITORA
InterVidas [Catanduva, SP]

ISBN
978 85 60960 49 1

PÁGINAS
320

TAMANHO MIOLO
15,5×22,5 cm

TAMANHO CAPA
15,7×22,5×1,7 cm [orelhas 9 cm]

CAPA
Ary Dourado

REVISÃO PORTUGUÊS
Fernando Castilho
Constâncio Fonseca

NOTAS
Abel Sidney

PROJETO GRÁFICO & DIAGRAMAÇÃO
Ary Dourado

TIPOGRAFIA CAPA
(Sans & Sons) Hello Paris Variable [Regular, Bold]
(Latinotype) Princesa [Medium Italic, Medium]
(Monotype) Acta Pro Medium

TIPOGRAFIA TEXTO PRINCIPAL
(Monotype) Acta Pro Medium 11,5/16

TIPOGRAFIA CITAÇÃO & VERSO
(Monotype) Acta Pro Bold 10,5/16

TIPOGRAFIA NOTA DE RODAPÉ
(Monotype) Acta Pro Medium 9/14

TIPOGRAFIA EPÍGRAFE
(Latinotype) Princesa [Medium Italic, Bold] [12,5; 10,5]/16

TIPOGRAFIA TÍTULO
(Latinotype) Princesa [Medium Italic, Regular, Medium] [28/28, 56/56, 42/42]
(Sans & Sons) Hello Paris [Bold, Regular] [36/28, 180/180, 75/75]

TIPOGRAFIA OLHO
(Latinotype) Princesa
Medium Italic 14,5/16

TIPOGRAFIA DADOS & COLOFÃO
(Monotype) Acta Pro
Bold [9; 7,5]/12

TIPOGRAFIA FÓLIO
(Latinotype) Princesa Bold 9/16

MANCHA
103,3 × 162,5 mm 29 linhas
[sem fólio]

MARGENS
17,2 : 25 : 34,4 : 37,5 mm
[interna : superior
: externa : inferior]

COMPOSIÇÃO
Adobe InDesign 20.5
[macOS Tahoe 26.0.1]

PAPEL MIOLO
ofsete Sylvamo Chambril Book
75 g/m²

PAPEL CAPA
cartão Bohui C1S 250 g/m²

CORES MIOLO
1 × 1: Pantone 2418 U

CORES CAPA
4 × 1: CMYK × Pantone 2418 U

TINTA MIOLO
ACTEGA Premiata

TINTA CAPA
ACTEGA Premiata

PRÉ-IMPRESSÃO CTP
SCREEN PlateRite 8300S

PROVAS MIOLO
Epson Stylus Pro 9880

PROVAS CAPA
Epson Stylus Pro 4880

IMPRESSÃO
processo ofsete

IMPRESSÃO MIOLO
Manroland Roland Rekord

IMPRESSÃO CAPA
Manroland Roland 704

ACABAMENTO MIOLO
cadernos de 32 p.,
costurados e colados

ACABAMENTO CAPA
brochura com orelhas,
laminação BOPP fosco,
verniz UV brilho com reserva

PRÉ-IMPRESSOR E IMPRESSOR
Rettec Artes Gráficas
[São Paulo SP]

TIRAGEM
2 mil exemplares

PRODUÇÃO
outubro de 2025

FEEB
Federação Espírita do Estado da Bahia

Os direitos autorais deste livro foram cedidos para a Federação Espírita do Estado da Bahia
feeb.org.br

InterVidas

infinda

intervidas.com

intervidas

editoraintervidas

Ótimos livros podem mudar o mundo. Livros impressos em papel certificado FSC® de fato o mudam.